AF325907

CODE

DE

JUSTICE MILITAIRE.

POUR

l'Armée Française.

Livres premier et deuxième
et

Teucro duce. Hor.

LIVRES TROISIÈME ET QUATRIÈME.

PAR

SAINTE - CHAPELLE,

Secrétaire particulier du Maréchal Gouvion-Saint-Cyr,
à la guerre et à la marine.

PARIS.

..... 1838.

BIBLIOTHÈQUE ROYALE
I

AVANT - PROPOS.

Il y a dans tout examen sérieux, où se mêlent depuis long-tems des incertitudes et des débats, une espèce d'engagement définitif à prendre pour être désormais bien compris; c'est de rassembler soi-même ses idées et de présenter, dans un cadre d'ensemble, tout le système de ses propres conceptions.

Or, si la *consultation* (1) déjà publiée par rapport aux essais ministériels sur la juridiction des armes, a pu faire ressortir quelques lueurs à l'égard de l'ordre et de l'harmonie qu'on aurait désiré y voir régner plus généralement; c'est alors ici qu'il devient d'un devoir, presque

---

(1) Voir la brochure JUSTICE MILITAIRE. Consultation pour l'Armée, chez Anselin, libraire, rue Dauphine, n° 36.

rigoureux, d'exposer, avec méthode, l'organisation judiciaire dont l'armée serait dans le cas de demander le développement, pour être enfin d'accord, elle-même, avec les combinaisons les plus sages de la justice sociale actuelle.

Effectivement, puisque de nos jours la force publique est toute nationale, et qu'elle participe de toutes les classes de l'état, comme de leurs devoirs et de leurs intérêts, il serait par trop étrange qu'on lui fît subir d'autres analogies de constitution pénale que celles dont l'application et l'exemple font partout, aujourd'hui, le repos des foyers et la sûreté des familles.

Que l'on parte alors de cette première condition d'un sort uniforme et commun, le titre à donner à la législation répressive des drapeaux doit être celui de JUSTICE MILITAIRE.

Une spécification aussi précise ne laisse d'abord aucune incertitude sur le caractère propre d'une pareille juridiction ; elle ramène ensuite, par opposition pourtant, l'idée et le besoin d'une concordance rationnelle avec les régles et les garanties de la JUSTICE CIVILE.

Dès lors, on comprend sans peine que le régime pénal de l'armée doit aussi se distinguer en action de simple police, pour s'élever, par gradations, à la répression correctionnelle, et de-là, s'étendre jusqu'à la procédure criminelle et capitale.

Quand il s'agit, sur les résolutions si nobles du prince et des Conseils de l'État, de rassembler, comme à présent, dans un *Code solennel*, tout le système d'une juridiction aussi imposante que celle des armes, à la paix, à la guerre; quand c'est à l'esprit militaire français d'y faire sentir partout son influence magnanime, objet de l'étonnement de l'Europe, de son admiration et de son envie, il ne faut pas craindre de prendre la discipline de nos légions du point le plus ordinaire pour la porter ensuite aussi haut et aussi loin que le veut, que l'ordonne, la susceptibilité de l'honneur national.

C'est sous cet empire de raison et de juste orgueil qu'on a cru devoir établir des degrés presque parallèles avec la justice même de toutes les classes de citoyens, en rattachant à des ressorts progressifs aussi dans leur pénalité, les désordres, les fautes, les délits, crimes et attentats, dont la répression serait plus ou moins rigoureuse et plus ou moins exemplaire parmi les masses armées.

Jusqu'ici la tradition des codes militaires de chaque régime, avait fait conserver *partout* et presque *pour tout*, la dénomination vague de CONSEILS; on n'avait cessé de dire au fait : *con-*

*seil de discipline , conseil d'enquête , conseil de
guerre , conseil de révision.*

Aussi, combien de fois cette dénomination
trop générique n'a-t-elle pas embarrassé le
texte des lois et les impressions même de
l'intelligence !

C'est donc par de pareils motifs qu'on s'est
fait une étude d'échapper à l'ambiguité, à l'équi-
voque, enfin, aux confusions, en ne conservant
ici le nom de CONSEIL, que pour le degré judiciaire de simple discipline , tandis qu'on a
choisi :

POUR LES ENQUÊTES. — *Celui de commission ;*
POUR LES DÉLITS. — *Celui de tribunal militaire
correctionnel ;*
POUR LES CRIMES. — *Celui de cour martiale ;*
POUR LA RÉVISION. — *Celui de consulte.*

Quant à cette dernière qualification , elle
pourra tout d'abord paraître insolite, hasardée;
et pourtant, il est certain qu'en la substituant
à la dénomination récente de *conseils d'annulation* qui presque toujours, contre le sens expli-
cite de leur qualité , confirmaient au lieu
d'infirmer, il y aura pour tous les esprits, une
expression consacrée déjà par la législation d'un
grand peuple, dont nous avons été naguère et
dont nous serons toujours les rivaux de civili-
sation et de gloire.

Il est évident que l'étymologie est prise de loin ; mais des décrets et des *sénatus* modernes en ont frappé trop fortement notre oreille et la raison, pour que désormais elle ne suggère pas encore, et plus justement, la pensée d'une haute chambre expresse DE CONSULTATION, prononçant *pour* ou *contre*, par appel et pourvoi, en légitime révision.

Du reste, le Code que l'on présente, se divise, comme toute œuvre de longue méditation, en livres, titres, chapitres et articles, pour mieux classer les matières, procurer du repos à l'esprit d'analyse, et surtout faire reconnaître, par intervalles clairs, précis, la continuité d'une marche régulière en ses progressions, et s'ouvrant, sans peine, d'elle-même, à toutes les explorations de l'expérience, ainsi qu'à tous les retours de la réflexion, à toutes les haltes du recueillement.

Le PREMIER LIVRE qu'on soumet à l'examen et à la discussion, embrasse, sous le titre de LÉGISLATION CONSTITUTIVE :

1°. La définition de la jurisprudence des armes, sa spécialité, sa nature, ses ressorts, ses instances, sa pénalité distincte, ses informations propres, ses garanties et ses recours.

2°. L'organisation de l'action judiciaire aux drapeaux, ses spécifications, ses degrés et ses développemens, soit pour conseils de discipline ou commissions d'enquête, soit pour prévôtés d'armée, pour tribunaux militaires correctionnels, ou pour cours martiales, soit définitivement pour consultes de révision, dans toutes positions d'institution éventuelle ou permanente, en paix, en guerre.

3°. Les principes des nominations et des installations juridiques, les garanties communes à l'intérieur, les exceptions pour l'état de siège, les règles applicables en campagne, les remplacemens et les révocations, les siéges fixes et temporaires, la prestation du serment des présidens, des juges, des commissaires du roi, des auditeurs et des greffiers; enfin les conditions générales d'aptitude ou d'incompatibilité pour toute nature de fonctions relevant de l'administration de la justice militaire.

Si cette exposition primordiale où se trouvent toutes les grandes corrélations de la législation sociale appropriée aux armes, parait satisfaisante dans sa méthode et ses acheminemens logiques, chacun sera préparé, sans doute, à suivre plus attentivement aussi, dans l'ordre d'une lecture de plus en plus éclairée, les dispositions d'un SECOND LIVRE où, sous le titre de Procédure, on trouve :

1°. Les formalités expresses et rigoureuses

de la recherche et de la poursuite par rapport
à la police judiciaire, à l'insoumission au service, à la discipline intérieure, à la désertion
des drapeaux, à la répression générale pour
faits militaires, aux atteintes et culpabilités
d'ordre public, et jusqu'aux circonstances graves
quelconques devenues criminelles et capitales;

2°. L'information légale en ce qui touche
les commissions d'enquête, les instances correctionnelles et martiales, les interrogatoires et
les citations, la complicité et l'absence préventive ;

3°. La compétence à l'intérieur en paix,
au dedans et au dehors en guerre, aux prévôtés
d'armée et dans l'état de siége; puis la mise
en accusation et l'espèce des actes et la
consécration de toute première action de sûreté
militaire ou sociale.

Un TROISIÈME LIVRE embrasse la jurisprudence complète du JUGEMENT, en distinguant:

1°. La constitution de chaque ressort, les
convocations, les empêchemens, les prélimi-
naires d'audition, les récusations et la police
des audiences.

2°. Les comparutions, l'accusation, l'ouverture des débats, les dépositions, le délibéré, la
pénalité invoquée, le prononcé de l'arrêt, les
défauts et contumaces ;

3°. Les appels aux décisions supérieures, aux consultes de révision ; les pourvois à la cour de cassation et aux Chambres législatives, les recours au roi et la confirmation dernière de toute sentence.

Le QUATRIÈME LIVRE et DERNIER détermine définitivement l'application des peines et L'EXÉCUTION ; on y trouve :

1°. Comme répressions disciplinaires, la salle de police, la garde du camp, les arrêts simples et de rigueur, la prison et le cachot, le retrait d'emploi et la réforme ;

2°. Comme répressions inflictives, le costume pénal, la détention, les travaux publics, le boulet, la réclusion, les travaux forcés, la destitution, la dégradation et la mort.

3°. Comme dispositions générales, les diligences des pouvoirs responsables, la publication des actes juridiques, les frais, les restitutions, les dommages-intérêts, les amendes et les recours pécuniaires ; la prescription des peines, les amnisties, les grâces, et le compte rendu de chaque année, au ministre de la guerre, au roi, aux Chambres, au pays, et par retentissement, à l'Europe, au monde entier.

C'est dans chacune de ces hautes parties de la jurisprudence nouvelle offerte en hommage social aux drapeaux de la France, que la Patrie et l'Armée retrouveront définies et classées avec précision , les remarques faites dans la *consultation préliminaire*, non seulement sous le rapport des déclarations de principes , de l'inviolabilité des grades, des évocations des grands jugemens, du respect dû aux prisonniers de guerre et aux habitans étrangers , mais encore par exception rationnelle de compétence à l'égard des membres des Chambres législatives , par adoucissement de rigueurs pour la simple insoumission , et par indulgence, et par pitié , pour les désolations de l'abandon ou de la misère des foyers.

Là , se rencontreront nécessairement aussi , tout à la fois bien déterminées et bien évidentes dans leur consécration, les garanties de recours, les éventualités de prises à partie , les sûretés personnelles en face des violences de la force, et les invocations imminentes contre toute espèce de dénis de justice, ou d'excès de pouvoirs, ou de forfaitures.

Au fait , comme l'opinion s'est prononcée pour proclamer désormais dans le code des armes françaises tout ce que la dignité nationale pouvait concevoir aujourd'hui de plus noble et de plus grand , on s'est donc étudié à faire entrer chaque nouvelle manifestation, dans une relation mutuelle de maximes et de prévisions dont la discussion fera ressortir plus que jamais la magnanimité d'un peuple qui, pour s'être présenté long-tems à l'Europe, en triompha-teur, en conquérant, n'aspire plus, avec ses doctrines solennelles d'ordre social et de pacifi-cation, qu'à lui imposer des exemples de sagesse et des sympathies de reconnaissance.

CODE

de

JUSTICE MILITAIRE.

LIVRE 1.

De la Législation Constitutive.

TITRE I.

APPLICATION DE JURISPRUDENCE.

CHAPITRE I.

Consécration de Spécialité.

Article Premier. L'armée, à l'égard de l'administration de la justice, est placée sous un régime à part et inviolable.

Art. 2. Les personnes, les rangs, grades, emplois et fonctions quelconques, reconnus pour appartenir à ses cadres, restent de fait et de droit, sous la sauve-garde de ce principe d'État.

Art. 3. Il y a trois positions fixes de juridiction pour l'armée ; savoir :

La première, à l'intérieur, en paix ;
La deuxième, dans les places en état de siège ;
La troisième, en campagne, en guerre.

Art. 4. Aucune organisation judiciaire ne peut avoir lieu que d'après l'une ou l'autre de ces positions, duement proclamée par acte public du gouvernement.

Art. 5. Quelque puisse être un arrêt de justice militaire, il est rendu, **en tous lieux et en tous tems**, au **nom du roi**, et *de par le roi*.

CHAPITRE II.

Caractère de la Justice des Armes.

Art. 6. La justice militaire, proprement dite, embrasse les fautes, délits, **crimes** et forfaitures commis en service réel, ainsi que tous faits, propos, actes, insultes et désordres reconnus *d'espèce militaire*, d'après les lois et les ordonnances régissant l'armée.

Art. 7. A l'intérieur, toute faute, délit, crime et forfaiture, tous faits, propos, actes, insultes et désordres, hors le tems de service et hors l'action légale des armes, seront réputés *d'espèce civile*, et jugés par les tribunaux ordinaires.

Art 8. Quels que soient dans les places en état de siège et dans l'arrondissement des armées, dessus ou hors le territoire, les faits, propos, insultes et désordres, les fautes, délits, crimes et forfaitures des personnes, rangs, emplois et fonctions appartenant aux cadres de l'armée, la justice militaire n'est plus susceptible d'interprétation d'ESPÈCES, et s'applique dans tous les cas par les tribunaux de ses ressorts.

Art. 9. Lorsqu'à l'intérieur, il y aura lieu à quelque doute ou quelque incertitude, sur le caractère propre d'un fait, propos, acte, insulte et désordre, sur celui d'une faute, délit, crime et forfaiture, comme étant *d'espèce militaire*, ou d'*ordre civil*, le Conseil d'État, en sections réunies, prononcera sur la compétence définitive.

Aʀᴛ. 10. Si dans un conflit, soit de faits, propos, actes, insultes et désordres, soit de fautes, délits, crimes et forfaitures, à l'intérieur, il y avait complication de prévenus *civils* et *militaires*, le Conseil d'État, en sections encore réunies, déterminerait à quelle juridiction, ᴄɪᴠɪʟᴇ ᴏᴜ ᴍɪʟɪᴛᴀɪʀᴇ, serait déférée la compétence complexe, sauf toutefois la confirmation de la Cour de cassation, convoquée en assemblée générale.

Aʀᴛ. 11. Alors le tribunal compétent appliquera aux individus, non militaires, ou non assimilés aux militaires, les peines prononcées par les lois pénales ordinaires, et aux militaires ou aux individus assimilés aux militaires, les peines prononcées par le présent Code.

Aʀᴛ. 12. En toute circonstance de délits, crimes et forfaitures, d'*espèce civile* et *militaire*, dès qu'il s'agira d'insurrections et de révoltes, d'attentats contre l'ordre public, la sûreté du royaume, ou la personne du Roi et l'existence de la famille royale; ces délits, crimes, forfaitures et attentats, seront de droit, quels qu'en soient les prévenus, déférés sans disjonction, à la cour des Pairs, comme HAUTE COUR NATIONALE.

Aʀᴛ. 13. A l'armée, en campagne et dans toute place en état de siège, la justice militaire est applicable aux habitans dans tous les cas de poursuites et de repressions; mais seulement néanmoins pour faits, propos, actes, insultes, désordres, fautes, délits, crimes et forfaitures d'*espèces militaires*, selon les lois de la guerre ou des réglemens publics, duement proclamés en tems et lieu, pour qu'il n'y ait pas eu cause d'ignorance.

CHAPITRE III.

Distinction de Juridictions Militaires.

Aʀᴛ. 14. La justice militaire, dans chacune de ses trois positions d'application, à l'intérieur en paix, dans les places en état de siège et à l'armée, en campagne, se divise en cinq degrés de ressorts, savoir :

En ressort de conseils de discipline;
— — de commissions d'enquête;
— — de prévôtés d'armée;
— — de tribunaux correctionnels;
— — de cours martiales.

Art. 15. La juridiction des conseils de discipline s'exerce dans l'intérieur des corps de troupes, dans les établissemens quelconques du département de la guerre et près des armées ou à leur suite.

Art. 16. Il y a trois sortes de commissions d'enquête, à la paix et à la guerre;

1° Commission d'enquête par régiment;
2° Commission d'enquête par division;
3° Commission d'enquête spéciale, pour les officiers généraux ou ayant rang.

Art. 17. En tems de guerre, les prévôtés sont établies pour avoir une action de justice militaire, en simple police, sur les flancs et les derrières des armées, agissant soit dans l'intérieur du royaume, soit à l'extérieur.

Art. 18. Les tribunaux militaires correctionnels, sont constitués dans chaque division territoriale de l'intérieur, dans chaque division de troupes à l'armée, dans chaque place en état de siège et près de chaque quartier-général en campagne.

Art. 19. Il est institué une cour martiale, savoir :

A l'intérieur, par deux, trois et quatre divisions militaires;

A la guerre, { par place en état de siège;
{ par armée ou corps d'armée.

Art. 20. Cependant si les besoins de l'administration de la justice militaire l'exigeaient, il pourrait y avoir un second tribunal correctionnel, ainsi qu'une seconde cour martiale, dans l'étendue d'une même juridiction, autre que place en état de siège.

Art. 21. Les circonscriptions relatives de chaque tribunal correctionnel et de chaque cour martiale, *simple* ou *double*, seront toujours réglées par un acte du gouvernement, inséré au bulletin des lois, et mis à l'ordre du jour des divisions militaires ou des armées.

ART. 22. Il appartient au Roi de fixer spécialement les sièges des tribunaux correctionnels et des cours martiales, quels qu'en soient l'institution et le nombre; néanmoins toute ordonnance portant changement de résidence, en rapportera les motifs expressément.

ART. 23. En ce qui concerne les armées, dessus et hors le territoire, quelle que fut à cet égard une délégation suprême de pouvoir en faveur des généraux en chef, elle serait aussi publiée, sous toute forme authentique et légale, et mise à l'ordre du jour.

CHAPITRE IV.

Limitations d'Instances.

ART. 24. La juridiction des conseils de discipline est établie pour les sous-officiers, caporaux, brigadiers et soldats, ou pour tous emplois et toutes fonctions assimilés.

Elle connaît, à leur égard, de la salle de police, de la prison, du cachot et de l'envoi aux compagnies de répression.

ART. 25. Au-delà de ces peines, les désordres, les fautes, délits ou crimes, des mêmes rangs et grades, sont de la compétence des tribunaux correctionnels, ou des cours martiales.

ART. 26. Les attributions d'instances d'une commission d'enquête, embrassent toutes les relations du service intérieur, par rapport aux officiers, selon les grades et les rangs; elles comportent l'appréciation d'une inconduite habituelle, celle de fautes graves dans le service ou contre la discipline et les lois de l'honneur; de plus, un avis motivé sur toute position de non-activité au-delà d'une prolongation de trois ans, ou pour un emprisonnement de plus de six mois, par suite de jugement.

Art. 27. Hors ces appréciations rationnelles, entraînant un retrait temporaire d'emploi ou la *réforme*, toute autre cause de prévention et de poursuite contre un officier est du ressort d'un tribunal correctionnel militaire ou d'une cour martiale.

Art. 28. Les Prévôtés d'armée connaissent des désordres et délits commis dans les mouvemens des troupes et à leur suite en guerre.

Art. 29. Les peines que peuvent prononcer les Prévôtés duement reconnues, sont : 1°—la garde du camp, la prison et le cachot, pour un tems de répression ou de sûreté qui n'excéderait pas six mois, et 2°—une détention d'un an, au plus.

Hors ces punitions de simple police, les désordres et délits devant entraîner des peines autres, seront du ressort des tribunaux correctionnels ou des cours martiales des divisions et des quartiers-généraux.

Art. 30. La juridiction des Tribunaux correctionnels militaires, tant à l'intérieur qu'à l'armée, ou dans les places en état de siège, s'étend à tous désordres, à toutes fautes et tous délits, entrainant, pour les officiers, la destitution et pour tous les cadres de l'armée, des peines corporelles inflictives, selon les grades, rangs et fonctions quelconques.

Art. 31. Toute poursuite de nature à constituer un crime, un attentat, une forfaiture d'espèce évidente et flagrante, se dénonce à la juridiction des Cours martiales.

Art. 32. En conséquence, cette juridiction, comme la plus extrême, emporte avec elle des peines limitées d'un *minimum* à un *maximum* plus vengeur; elle prononce la dégradation civique et militaire, elle s'étend aux répressions à perpétuité et pour dernière rigueur, elle est *seule* appelée à condamner à mort.

Art. 33. Désormais tout acte d'information désignera donc le degré du ressort de compétence, d'après la nature et les circonstances des répressions invoquées.

Art. 34. Chaque Conseil de discipline, chaque Commission d'enquête, chaque Prévôté d'armée, chaque Tribunal correctionnel et chaque Cour martiale, appelés à connaître d'une action judiciaire, donneront acte, *avant tout*, de leur intervention légale, selon l'espèce de l'information.

Art. 35. Les limitations d'instances de chaque degré de ressorts, sont les mêmes pour l'intérieur dans l'état de paix et pour toute place en état de siège, ou toute armée et corps d'armée en campagne, dessus ou hors le territoire.

Art. 36. Tous militaires ou individus assimilés aux militaires, prévenus de négligences, désordres, fautes, délits, crimes, attentats et forfaitures, de la compétence de la justice des armes, sont passibles de ses poursuites dans ses *cinq* degrés et ses *trois* positions, jusqu'au grade de Maréchal-de-Camp, inclus.

Art. 37. Il y aura pour les membres des Chambres législatives, quel que soit leur rang militaire, pour les Lieutenans-généraux et les Maréchaux de France, évocation de jugement à la Cour des Pairs, sur ordonnance du Roi.

Art. 38. Quand il s'agira à l'étranger, de hauts fonctionnaires ou de grandes notabilités, en prévention d'accusation, on prendra les ordres du Roi, à moins d'impossibilité reconnue.

Art. 39. Dans tous les cas de flagrant délit d'émeutes ou de révoltes, la justice militaire sera immédiate dans toutes ses répressions de sûreté, pour chaque ressort, sans exception de lieux, de dignités et des personnes, sauf compte à rendre et approbation ou recours ultérieurs.

CHAPITRE V.

Catégories de repressions.

Art. 40. Les causes et les circonstances les plus génériques des répressions pénales pour tous les cadres militaires, se rapportent à des effets de troubles plus ou moins graves dont le service est l'origine, et les armes sont les voies et moyens.

Art 41. Alors aussi les culpabilités relèvent, en proportions relatives et graduelles :

1° De négligences et désordres ;
2° De fautes et délits ;
3° De crimes et attentats ;
4° De prévarications et forfaitures.

Art. 42. Parmi les *négligences* se trouvent les défauts de soins pour l'habillement, l'équipement, le harnachement, l'armement, le logement et toutes les parties de l'entretien des hommes, des chevaux et des équipages, sous le rapport de la tenue, de la propreté et de la conservation.

Art. 43. L'espèce des *désordres* comprend l'inconduite, les excès, les querelles, les résistances, les provocations. le jeu, les dettes et les manifestations publiques de mœurs ou de principes incompatibles avec les devoirs militaires.

Art. 44. On doit entendre par *fautes*, les propos, les injures, les insultes, la découcher, l'absence aux appels, aux gardes, aux exercices, les menaces de paroles ou de gestes, et toute atteinte à la discipline intérieure, ainsi qu'aux prescriptions de simple police, par obstination, paresse, ou mauvaise volonté.

Art. 45. Au rang des *délits* sont les infractions du service et des consignes ; la désobéissance, l'insubordination : les violences, les voies de fait, la vente des effets militaires, leur distraction ou leur mise en gage ; la dégradation, la destruction des armes, des bâtimens et des attirails de guerre ; les infidélités, les vols de toute nature, la désertion à l'intérieur, le refus de comparaître en justice, l'évasion complice de prisonniers, les insultes de fait ou les mauvais traitemens à leur égard.

Art. 46. La catégorie des *crimes* s'étend à l'embauchage, à la désertion devant l'ennemi, à l'espionnage ; aux infractions graves du service en campagne, aux maraudes et pillages à main armée; aux faux en écriture et en témoignage, aux fraudes de fournitures, à l'absence, à l'abandon de son poste en guerre, à la violation des consignes, des sauves-gardes et des mots d'ordre ; à la livraison des places, des magasins et des secrets d'opérations.

Art. 47. Quelles qu'en soient les suites, les *attentats* consistent dans les attaques à force ouverte, dans les complots et révoltes, dans l'incendie, l'assassinat, l'intelligence avec l'ennemi, la reddition d'une place sans assaut, la capitulation en rase campagne, le port d'armes contre la Patrie, la fuite, la défection, la trahison et la prolongation illégale du commandement ou des hostilités.

Art. 48. Dans le classement des *prévarications* et des *forfaitures*, on rangera les abus de pouvoirs, les dénis de justice ; la subornation de témoins et de juges, les exactions, les répressions sans jugemens ; enfin le despotisme et la tyrannie de la part de toute autorité sortie volontairement ou se jouant des voies légales.

Art. 49. Chacune des culpabilités reconnues pour être du ressort des juridictions militaires, aura sa peine bien définie et graduelle, tant pour circonstances atténuantes et aggravantes, que pour rechute ou récidive.

Art. 50. Lorsqu'il s'agira de négligences, de désordres, de fautes, de délits, de crimes, d'attentats, de prévarications et de forfaitures non prévus formellement par les lois de la jurisprudence militaire, les Conseils de discipline, les Commissions d'enquête, les Prévôtés d'armée, les Tribunaux correctionnels et les Cours martiales, appliqueront, dessus et hors le territoire, les peines portées par les lois du droit commun ordinaire.

Art. 51. Il n'y a lieu à poursuite aucune, quelle qu'ait été la prévention, dès que l'accusé était en état de démence au tems de l'action, ou s'il a été contraint par une force à laquelle il n'avait nul moyen de résister.

CHAPITRE VI.

Spécifications des Peines.

Art. 52. Les peines dont l'Armée peut être atteinte et

frappée légalement, selon ses juridictions, consistent ;
savoir :

<table>
<tr><td rowspan="13">Pour
Sous-Officiers,
Caporaux,
Brigadiers,
Soldats de toute
arme,
et assimilés.</td><td>Dans la salle de police.</td></tr>
<tr><td>— la garde du camp.</td></tr>
<tr><td>— la prison, le cachot.</td></tr>
<tr><td>— un costume pénal.</td></tr>
<tr><td>— les compagnies de discipline.</td></tr>
<tr><td>— la dégradation.</td></tr>
<tr><td>— la détention.</td></tr>
<tr><td>— la réclusion.</td></tr>
<tr><td>— les travaux publics.</td></tr>
<tr><td>— le boulet.</td></tr>
<tr><td>— les travaux forcés.</td></tr>
<tr><td>— l'amende et les frais.</td></tr>
<tr><td>— la MORT.</td></tr>
</table>

<table>
<tr><td rowspan="13">Pour
tous Officiers
et assimilés
jusqu'au
Lieutenant-
Général,
exclusivement.</td><td>Dans les arrêts simples ou de rigueur.</td></tr>
<tr><td>— la radiation du tableau d'avancement.</td></tr>
<tr><td>— la retenue de solde pour dettes.</td></tr>
<tr><td>— la prison avec ou sans communication.</td></tr>
<tr><td>— le retrait d'emploi.</td></tr>
<tr><td>— la réforme.</td></tr>
<tr><td>— la destitution.</td></tr>
<tr><td>— la dégradation.</td></tr>
<tr><td>— la détention.</td></tr>
<tr><td>— la réclusion.</td></tr>
<tr><td>— l'amende et les frais.</td></tr>
<tr><td>— la MORT.</td></tr>
</table>

ART. 53. Aucune autre peine de police ou afflictive
ne peut être prononcée ni infligée sans abus de pouvoir
et forfaiture.

ART. 54. Les Conseils de discipline, les Commissions
d'enquête, les Prévôtés d'armée, les Tribunaux correctionnels et les Cours martiales ont seuls caractère pour
l'application des peines de leurs degrés mutuels de juridiction.

ART. 55. La pénalité attribuée à chaque ressort, reste
limitée, dans son *maximum*, aux espèces et termes
ci-après, à l'intérieur, dans les places en état de siège
et aux camps ou armées en campagne.

Conseils de discipline.	Salle de police.	1 mois.
	Prison.	2 id.
	Cachot.	1 id.
	Envoi aux compagnies de punition.	» »

Commissions d'enquête.	Arrêts	simples.	1 mois.
		de rigueur.	1 id.
	Prison.		6 id.
	Retenue sur la solde.		1/5.
	Suspension ou retrait d'emploi. . .		3 ans.
	Réforme.		» »

Prévôtés d'armée.	Garde du camp.	1 mois.
	Prison.	6 id.
	Cachot.	1 mois.
	Détention.	1 an.

Tribunaux correctionnels.	Costume pénal d'insoumis.	7 ans.
	Emprisonnement.	5 id.
	Travaux publics.	8 id.
	Boulet.	10 id.
	Réclusion.	12 id.
	Travaux forcés.	15 id.
	Destitution.	» »
	Dégradation militaire.	» »

Cours martiales.	Emprisonnement.	25 ans.
	Travaux publics.	15 id.
	Boulet.	20 id.
	Réclusion.	perpét.
	Travaux forcés. . , ...	id.
	Dégradation militaire et civile. . .	»
	Mort. . . . . , . .	»

Art. 56. Aucune des peines du ressort de chaque degré de juridiction ne pourra être prononcée et infligée que par suite d'un jugement et d'un arrêt en due forme.

Art. 57. Tout pouvoir qui s'arrogerait le droit de prononcer, par lui-même, une des peines attribuées aux *cinq* juridictions militaires, serait pris à *partie*, et jugé pour excès d'autorité, le cas échéant, selon son grade et son rang.

Art. 58. Cependant les colonels, les intendans militaires, les officiers-généraux et le ministre de la guerre, pourront prescrire des peines de police ou de discipline, directement, envers les officiers des corps de troupes, ou des états-majors et les agens des services militaires: mais sans dépasser jamais le terme d'un mois d'arrêt, de prison ou de cachot.

Art. 59. Lorsqu'il y aura lieu à retrait d'emploi, à réforme, à destitution, ou à toute autre peine, à l'égard des rangs et grades d'officiers quelconques ou de fonctionnaires assimilés, le motif et le délit de repression seront dénoncés à la juridiction compétente, pour application des formes légales par jugement.

Art. 60. Dès qu'un jugement correctionnel ou martial, aura prononcé une peine afflictive, il s'en suivra de fait et de droit, destitution et dégradation, quels que soient les grades, les rangs, emplois et fonctions.

Art. 61. Tous services et tous droits acquis jusqu'alors, seront par le même effet annulés et non avenus ; néanmoins les femmes et les enfans y seront substitués pour parts de secours et de pensions, selon leur état de fortune et leurs titres à la commisération nationale.

Art. 62. Il y aura lieu à substitution de peines d'espèce civile, lorsque les prévenus traduits devant les ressorts de la justice des armes, ne seront pas militaires ou assimilés aux militaires.

Ainsi dans tous les cas de repression entraînant la dégradation, la destitution, les travaux publics, ou le boulet, ces peines du code spécial de l'armée, seront remplacées, savoir :

La destitution, les travaux publics et le boulet, *par l'emprisonnement*;

La dégradation, *par la réclusion* ;

Art. 63. Quelle que soit l'application d'une peine prononcée pour délits, crimes, attentats ou forfaitures, par un tribunal quelconque, CIVIL OU MILITAIRE, la durée de cette peine ne sera jamais comptée, comme tems de service.

L'intervalle des poursuites judiciaires ne sera compté non plus, comme tems de service, que dans le cas d'acquittement ou d'absolution, ou si ces poursuites n'ont pas été suivies de jugement.

CHAPITRE VII.

Information et Instruction.

Art. 64. Les Conseils de discipline et les Commissions d'enquête nomment dans leur sein, à la pluralité des voix, le rapporteur à qui l'instruction sera confiée, s'il n'a pas été pourvu à cette désignation officiellement.

Toute désignation est faite pour une seule et même affaire, et consignée au protocole de la séance.

Art. 65. Il est attaché près des Prévôtés, près des Tribunaux correctionnels et des Cours martiales, un Auditeur, un Commissaire du Roi, ainsi qu'un Greffier, et un commis-greffier, au besoin.

Art. 66. Les Auditeurs sont chargés exclusivement de l'information et de l'instruction préalables des procédures de compétence ; les Commissaires du Roi remplissent les fonctions du Ministère public, les Greffiers et commis-greffiers font toutes les écritures.

Art. 67. En cas de multiplicité d'affaires, les Auditeurs peuvent être assistés par des adjoints expressément reconnus.

Art. 68. Les grades ou les classes des Auditeurs, des Commissaires du Roi, des Greffiers et commis-greffiers, seront réglés en raison de l'espèce des ressorts et selon les rangs et les grades des prévenus.

Art. 69. Nul ne peut être chargé de fonctions d'Auditeur, de Commissaire du Roi, de Greffier ou commis-greffier, sans titre authentique et sans être désigné à l'ordre du jour des divisions militaires, des places en état de siège, ou des camps et armées, en campagne.

Art. 70. Les Commissaires du Roi, près des Prévôtés, près des Tribunaux correctionnels et des Cours martiales, ont la faculté d'appeler des jugemens à *minima* ou *maxima*, pour motifs et raisons de Ministère public.

Tout acte de diligence à cet égard, a lieu séance tenante.

CHAPITRE VIII.

Garanties de recours.

Art. 71. Les Conseils de discipline et les Commissions d'enquête, prononcent en tous lieux et en tous tems, sans autres déférences qu'à la confirmation des officiers-généraux commandans, ou du ministre de la guerre.

Art. 72. Il y a recours et pourvois contre les jugemens des Prévôtés, contre ceux des Tribunaux correctionnels et des Cours martiales, dans leurs positions mutuelles de juridiction, soit à l'intérieur, soit en cas de siège, soit à l'armée.

Art. 73. A cet effet, les recours sont portés à des Consultes de Révision qui se divisent aussi en catégories correctionnelles ou criminelles.

Art. 74. Chaque tribunal de l'espèce a près de lui un Commissaire du Roi, et un Greffier avec un commis-greffier, au besoin, pour y remplir chacun les fonctions attribuées à ceux des ressorts d'information et d'instruction, sous les mêmes conditions de choix et de publication de titres authentiques.

Art. 75. Dans l'intérieur, hors le cas de flagrant délit d'émeutes ou de révoltes, tout jugement entraînant peine capitale peut être déféré à la Cour de cassation après la confirmation d'une Consulte de révision.

Art. 76. Il en sera de même pour cause d'incompétence, dans l'un des deux cas suivans :

1° Lorsqu'il s'agit d'un crime ou délit, commis sur le territoire français, et que l'accusé ou condamné, n'étant ni militaire, ni assimilé aux militaires, a été jugé sans approbation préalable d'espèce de juridiction ;

2° Lorsqu'il s'agit d'un crime ou délit, commis sur le territoire étranger, et que l'accusé ou condamné est français, mais ne se trouve ni militaire, ni assimilé aux militaires.

Art. 77. Les Consultes de révision, dans les places en état de siège, au camp et à l'armée, prononcent, *sans plus*, sur l'acquittement ou la condamnation ; il n'y a de recours à leur égard que pour prévarication ou forfaiture commise et confirmée.

Art. 78. Tout appel ou pourvoi doit se faire dans les 24 heures à l'intérieur, et dans le jour même, à l'armée, au camp ou dans les places en état de siège.

Art. 79. Quand il y aura lieu à pourvoi devant la Cour de cassation, l'instance devra être transmise sans le moindre délai, et il en sera justifié au prévenu.

Art. 80. Les prises à partie, pour prévarications ou forfaitures en justice militaire, peuvent être dénoncées dans l'année de l'exécution du jugement.

Art. 81. Tout recours de cette espèce se porte, au besoin et selon les circonstances, aux Généraux commandant en chef, au Ministre de la guerre, au Conseil d'État, aux Chambres du royaume et au Roi.

Art. 82. Les Tribunaux militaires, quels que soient leurs ressorts, ne statuent, en principe absolu, que sur l'action publique ; quand il y a action civile, il appartient, de droit et de fait, aux tribunaux civils, d'en connaître *seuls*.

Néanmoins, tout exercice d'action civile sera suspendu, tant qu'il n'aura pas été prononcé définitivement sur l'action publique militaire, intentée avant ou pendant la poursuite de l'action civile.

Art. 83. En fait de garantie générale judiciaire, tout prévenu saisi et dénoncé à une juridiction de l'armée, conservera, par lui-même, par son défenseur et par sa famille, la faculté préalable de former une demande de sursis ou de grâce, avant et pendant les délais de l'instruction ; mais la procédure et le jugement ne pourront être suspendus en aucun cas, à cette occasion.

Art. 84. A l'avenir, pour tous délits, crimes ou attentats du fait d'habitans ou de prisonniers de guerre de pays ennemis, il sera convoqué et reçu au milieu de la juridiction militaire compétente, un magistrat ou commissaire de même nationalité, pour être présent à l'accusation, prendre acte de l'impartialité et reconnaître la justice du droit des armes françaises, devant le respect du droit des gens.

Art. 85. Du reste, quel qu'il soit, le magistrat ou le commissaire étranger n'aura, durant toute l'action judiciaire, d'autre caractère, que celui de témoin discrétionnaire et impassible.

TITRE II.

ORGANISATION DE L'ACTION JUDICIAIRE.

CHAPITRE I.

Conseils de Discipline.

Art. 86. Les Conseils de discipline, dans les corps de troupes, dans les établissemens militaires à l'intérieur ou aux armées et à leur suite, dépendent de la prérogative royale exclusivement.

Art. 87. Toutefois, lorsqu'il s'agira d'envoi et d'incorporation dans une compagnie de punition, le Conseil appelé à prononcer sur les motifs, se composera d'un chef de bataillon ou d'escadron, des trois plus anciens capitaines et des trois plus anciens lieutenans du régiment, pris les uns et les autres hors du bataillon ou de l'escadron auquel appartiendra le militaire inculpé.

Art. 88. Dans un bataillon ou escadron détaché hors du département ou de la brigade dont le régiment ferait partie, le Conseil de discipline se formerait du plus ancien capitaine, des deux plus anciens lieutenans et des deux plus anciens sous-lieutenans, pris hors de la compagnie à laquelle appartiendrait le prévenu.

Art. 89. Lorsqu'un bataillon ou escadron détaché, sera commandé par un capitaine, l'officier du grade le plus élevé, et le plus ancien après lui, le remplacera.

Art. 90. Tout chef de bataillon et d'escadron, ou tout capitaine, premier membre d'un Conseil de discipline, en est de fait et de droit le président.

Art. 91. Quel que soit un Conseil de discipline institué pour toute autre cause de police intérieure, que celle d'envoi dans les compagnies de repression, il peut se prolonger dans son exercice, selon les termes des ordonnances du roi ; mais tout Conseil de l'espèce désignée par l'article 87, sera dissous sans plus après avoir donné son avis, à moins qu'il ne s'agisse de la même repression, dans les mêmes bataillons, escadrons et compagnies.

CHAPITRE II.

Commissions d'enquête.

Art. 92. Chaque Commission d'enquête est composée de *cinq* membres qui sont désignés d'après le grade et l'emploi de l'officier ou du fonctionnaire, objet de la convocation et conformément aux tableaux ci-après : Numéros 1, 2 et 3.

TABLEAU N° 1.

Commissions d'enquête de Régiment. — Page 44.

TABLEAU N° 2.

Commissions d'enquête de Division. — Page 45.

TABLEAU N° 3.

Commissions d'enquête spéciales. — Page 46.

Art. 93. Deux membres au moins doivent être de l'arme ou du corps d'administration auquel appartient l'officier ou le fonctionnaire traduit devant chaque commission.

Art. 94. Aucun membre appelé à siéger ne peut être moins ancien de grade ou de rang que le prévenu, objet de la poursuite.

Art. 95. Le Président et les membres de chaque Commission d'enquête, soit de régiment, soit de division, sont désignés par l'officier général commandant la division de l'intérieur ou de l'armée.

Art. 96. Si le prévenu, objet de l'enquête, est intendant militaire ou maréchal-de-camp, le Président et les autres membres de la Commission spéciale sont nommés par le ministre de la guerre, lui-même.

Art. 97. Le rapporteur d'une Commission d'enquête est pris parmi ses membres; mais il doit toujours être d'un grade supérieur à celui du prévenu.

Art. 98. Aucun officier ou fonctionnaire du rang d'officier, ne peut être envoyé par devant une Commission d'enquête, sans l'ordre exprès du ministre de la guerre; néanmoins toutes les fois que hors du territoire français, continental ou insulaire, il y aura lieu de traduire un prévenu de l'un ou de l'autre ressort d'enquête, les Généraux en chef et les Gouverneurs généraux exerceront les pouvoirs dévolus aux généraux des divisions et au ministre de la guerre.

Art. 99. Il y aura exception formelle à cette prérogative, dans le cas où les officiers impliqués seraient intendans militaires ou maréchaux-de-camp.

Alors le ministre de la guerre, sur un compte-rendu, prendrait les ordres du roi et les notifierait expressément.

Art. 100. Pour toute instance d'une Commission d'enquête de division, il est formé un contrôle par rang d'ancienneté, de tous les officiers et fonctionnaires militaires qui s'y trouvent employés, afin de pouvoir désigner successivement, et à tour de rôle, ceux qui devront, suivant le grade et l'arme des inculpés, faire partie de chaque Commission.

Art. 101. Il est impérieusement prescrit aux Lieutenans-généraux, commandant les divisions à l'intérieur ou à l'armée, de veiller à ce que les contrôles soient tenus avec le plus grand soin, de manière qu'une exactitude scrupuleuse préside à leurs désignations; que l'ordre des tours soit ponctuellement suivi, et qu'ils puissent toujours rendre compte , au Ministre de la guerre, ou au Général en chef , de la marche adoptée pour la composition et la convocation d'une Commission et justifier toujours aussi des motifs de leurs déterminations.

Art. 102. Quand plusieurs officiers de différentes armes et de même grade, auront obtenu ce grade le même jour, il y aura lieu à consulter chaque chef de corps ou de service , sur l'ancienneté de chacun d'eux, dans le grade précédent, afin de déterminer le rang qu'ils devront respectivement occuper sur le contrôle de la division.

Art. 103. Tous les officiers et fonctionnaires militaires en activité dans une division de l'intérieur ou d'armée , doivent, sans exception , être portés sur son contrôle d'enquêtes , soit qu'ils se trouvent placés sous le commandement direct du Lieutenant-général, soit qu'ils appartiennent à des établissemens particuliers, tels que les écoles militaires, les directions d'artillerie et du génie, les poudreries, et tous autres services du département de la guerre.

Art. 104. Toute Commission d'enquête est dissoute de plein droit, aussitôt après qu'elle a donné son avis sur les affaires pour lesquelles elle avait été convoquée.

CHAPITRE III.

Prévôtés d'armée.

Art. 105. Lorsqu'à l'armée et dans les camps de guerre, il y a lieu d'instituer des Prévôtés, toute organisation et installation de cette espèce, se règlent par des ordonnances du Roi, duement publiées et mises à l'ordre du jour.

Art. 106. Les Prévôtés d'armée sont composées de *cinq* juges, y compris le Président, et de plus d'un Auditeur, d'un Commissaire du Roi et d'un Greffier.

Art. 107. Tous les membres d'une Prévôté d'armée ou corps d'armée sont pris exclusivement parmi les officiers employés dans son arrondissement d'opérations et détachés à cet effet de leurs corps ou cadres, pour la durée de leurs fonctions judiciaires.

Art. 108. Les fonctions de Président sont exercées par un officier supérieur de gendarmerie; les quatre juges sont pris, l'un parmi les chefs de bataillon, d'escadron ou majors, et les trois autres, parmi les capitaines de toutes armes.

Art. 109. L'Auditeur est choisi parmi les capitaines d'état-major, le Commissaire du Roi, parmi les sous-intendans adjoints, et le Greffier parmi les sous-officiers de la force publique.

Art. 110. Toute Prévôté d'armée ou de corps d'armée en suit les mouvemens de guerre et d'opérations; elle peut siéger aussi dans tous les lieux où s'étend la juridiction de son ressort.

Art. 111. L'entrée en exercice des Prévôtés doit être notifiée formellement à chaque organisation; tout changement dans leur composition doit se notifier de même.

Art. 112. Si le Général en chef d'une armée ou corps d'armée est autorisé, par délégation suprême, à exercer les prérogatives de la couronne, en fait de juridictions prévôtales, les arrêtés ou proclamations qui ressortiront de cette prérogative, en rapporteront les termes et les dates expressément, et seront toujours mis aussi à l'ordre du jour.

Art. 113. Toute institution de Prévôté, quelle qu'en soit l'origine, est incompétente et dissoute de plein droit, dès que l'armée ou corps d'armée rentre sur le territoire national, ou se trouve remise au pied de paix.

CHAPITRE IV.

Tribunaux militaires correctionnels.

Art. 114. La composition des Tribunaux militaires

correctionnels est la même dans les trois positions de juridiction, à l'intérieur, dans les places en état de siège et aux camps ou armées en campagne.

ART. 115. Chaque tribunal de l'espèce est formé d'un Président, et de *six* juges : il y a près de lui les fonctionnaires désignés par nomination d'institution, comme Auditeurs, Commissaires du Roi, Greffiers et commis-greffiers.

ART. 116. L'organisation a lieu ainsi qu'il suit, d'après les grades des accusés, depuis le Soldat jusqu'au Lieutenant-général exclusivement.

TABLEAU N° 4.

Formation par rangs et grades. — Page 47.

ART. 117. Il n'y aura d'organisé constamment que les Tribunaux correctionnels de compétence pour jugemens de sous-officiers, caporaux, brigadiers et soldats.

ART. 118. Chaque autre formation de l'espèce aura lieu éventuellement, en raison des grades et emplois contre lesquels existerait une cause d'information et de poursuite.

ART. 119. S'il y avait plusieurs accusés de différens grades, la composition du Tribunal correctionnel serait toujours déterminée par le rang ou le grade le plus élevé, lors même qu'il existerait entre les prévenus des intérêts différens ou contraires.

ART. 120. Tout Tribunal militaire, correctionnel, siègeant temporairement pour un grade ou rang autre que celui de sous-officier et soldat, peut connaître, en paix, pendant trois mois, et en guerre, pendant six mois, des délits et répressions des mêmes grades et des mêmes rangs pour lesquels il avait été constitué.

ART. 121. Quand il n'y a pas lieu à pareille rencontre de compétence formelle, chaque Tribunal est dissous après son jugement.

CHAPITRE V.

Cours martiales criminelles.

Art. 122. Les Cours martiales ne sont composées qu'à l'occasion d'un crime, attentat ou forfaiture de leur compétence, soit dans l'intérieur, soit dans les places en état de siége, ou au camp, ou à l'armée, en guerre.

Art. 123. L'organisation a lieu selon le grade ou le rang de l'accusé, et chaque Cour est formée, comme les Tribunaux correctionnels, d'un Président et de *six* juges.

Art. 124. Il y aura, en conséquence de la gravité de l'espèce, un juge de plus, du grade ou du rang du prévenu, comme garantie plus capitale en sa faveur.

Art. 125. La composition sera donc réglée d'après le tableau suivant, chaque fois qu'il y aura compétence et convocation.

TABLEAU N° 5.

Formation par rangs et grades. — Page 48.

Art. 126. En cas de co-accusés présens, devant une Cour martiale, la composition du Tribunal sera réglée, sur le grade le plus élevé, d'après le principe de l'article 119.

Art. 127. Toute Cour martiale, siégeant par convocation temporaire, peut, comme les Tribunaux correctionnels, connaître aussi, en paix, pendant trois mois, et en guerre, pendant six mois, des répressions et des forfaitures du grade ou du rang pour lequel la formation a eu lieu.

S'il n'y avait pas occasion **de compé**tence formelle à titre de procédures successives **pour** de mêmes rangs ou de mêmes grades, chaque **Cour** martiale accidentelle serait dissoute de droit, une **fois** son dernier jugement prononcé.

CHAPITRE VI.

Consultes de Révision.

ART. 128. La composition des Consultes de révision a lieu en raison des jugemens contre lesquels il y a recours; mais elle est permanente et toujours la même, depuis le soldat et le sous-officier, jusqu'au grade et rang de lieutenant-colonel exclusivement.

ART. 129. En conséquence, l'organisation fixe se maintient de droit dans l'intervalle de cette hiérarchie, soit qu'il y ait appel de Prévôtés, soit qu'il y ait recours de Tribunaux correctionnels ou de Cours martiales, à l'intérieur, dans les places en état de siége et aux armées.

ART. 130. L'organisation permanente est réglée, dans les trois positions de ressort, et pour l'une ou l'autre des juridictions, comme il suit, à raison de *cinq* membres :

PRÉSIDENT. — Un maréchal-de-camp ;

JUGES. { 2 colonels ou lieutenans-colonels ; { 2 chefs de bataillon, d'escadron ou majors.

COMMISSAIRE DU ROI. — Un sous intendant militaire.
GREFFIER. — Un capitaine d'état-major.

ART. 131. Lorsqu'un Tribunal correctionnel, ou une Cour martiale dont le jugement sera attaqué, aura été présidé par un Lieutenant-général, ou par un Maréchal de France, la Consulte de révision sera présidée par un officier du même grade et du même rang, et composée dès lors comme ci-après :

Pour Lieutenant-Colonel.

PRÉSIDENT. Un Lieutenant-Général.	COMMISSAIRE DU ROI.	GREFFIER.
JUGES { Un Maréchal-de-camp ; { Un colonel ; { Deux Lieutenans-colonels.	Un Sous-Intendant de première classe.	Un chef d'Escadron d'État-Major.

Pour Colonel.

PRÉSIDENT. Un Lieutenant-Général.	COMMISSAIRE DU ROI.	GREFFIER.
JUGES. { Deux Maréchaux de Camp; Deux Colonels.	Un Sous-intendant de première classe.	Un chef d'Escadron d'État Major.

Pour Maréchal-de-Camp.

PRÉSIDENT. Un Maréchal de France.	COMMISSAIRE DU ROI.	GREFFIER.
JUGES. { Deux Lieutenans Généraux; Deux Maréchaux de Camp.	Un Intendant.	Un Lieut. colonel d'état major.

ART. 132. Quelle que soit la composition d'une Consulte de révision, le Commissaire du Roi et le Greffier prennent pour titre : l'un, celui de commissaire supérieur, l'autre, celui de greffier en chef.

ART. 133. A l'intérieur, les Consultes de révision permanentes sont établies, comme les Cours martiales, par deux, trois ou quatre divisions militaires ; elles siègent aussi sur le point le plus central de leur circonscription de ressort.

ART. 134. En cas de besoin, par urgence d'administration de justice ou par multiplicité d'affaires, les Consultes permanentes de révision peuvent également se doubler, comme les Tribunaux correctionnels, avec ressort de *première* ou *seconde Consulte*, de telle ou telle circonscription.

ART. 135. Le Roi reste maître de toute installation à cet égard, sous les dispositions prescrites aux articles 19, 20, 21.

ART. 136. En tems de guerre, il n'y a de Consultes de révision que par place en état de siége, par armée ou corps d'armée.

ART. 137. Toute formation permanente ou éventuelle de Consulte de révision est soumise à la publicité par acte du gouvernement et des autorités commises à l'action de la justice militaire au dedans et au dehors du Royaume.

ART. 138. Chaque Consulte éventuelle est dissoute immédiatement après le prononcé de son arrêt, à moins qu'il n'y ait appel de mêmes procédures, pour de mêmes grades ou rangs, pendant l'intervalle de la révision attribuée à la convocation primitive.

Art. 139. Dans aucun cas, une Consulte éventuelle ne pourra siéger plus de trois mois, à l'intérieur, en paix, et plus de six mois, en guerre, à l'armée ou pour une place en état de siége.

Il y aura lieu à renouvellement à ces termes expirés.

CHAPITRE VII.

Modifications rationnelles de composition.

Art. 140. L'organisation de la Justice militaire *Correctionnelle* ou *Martiale* éprouvera les modifications ci-après, en raison d'emplois ou de fonctions, et de délits ou de forfaitures, ne se distinguant pas par grade réel ou par assimilation effective de grade et rang.

Art. 141. Ainsi, pour juger un membre de l'intendance militaire, le Tribunal correctionnel ou la Cour martiale sera composé comme il suit :

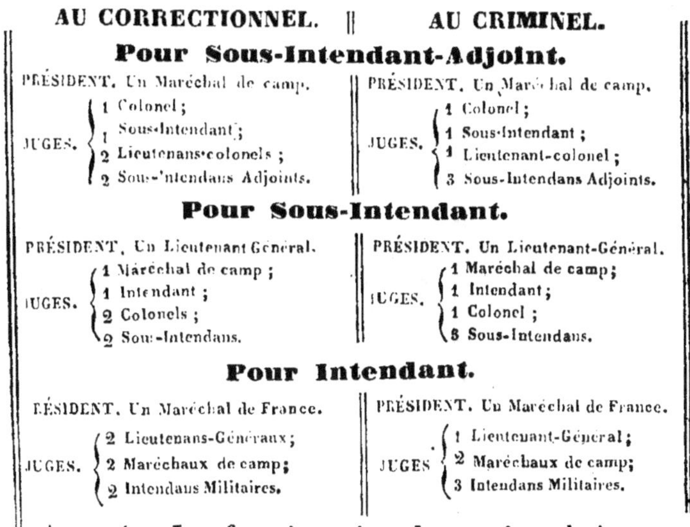

AU CORRECTIONNEL.	AU CRIMINEL.
Pour Sous-Intendant-Adjoint.	
PRÉSIDENT. Un Maréchal de camp.	PRÉSIDENT. Un Maréchal de camp.
JUGES. { 1 Colonel ; 1 Sous-Intendant ; 2 Lieutenans-colonels ; 2 Sous-'ntendans Adjoints.	JUGES. { 1 Colonel ; 1 Sous-Intendant ; 1 Lieutenant-colonel ; 3 Sous-Intendans Adjoints.
Pour Sous-Intendant.	
PRÉSIDENT. Un Lieutenant Général.	PRÉSIDENT. Un Lieutenant-Général.
JUGES. { 1 Maréchal de camp ; 1 Intendant ; 2 Colonels ; 2 Sou:-Intendans.	JUGES. { 1 Maréchal de camp ; 1 Intendant ; 1 Colonel ; 3 Sous-Intendans.
Pour Intendant.	
PRÉSIDENT. Un Maréchal de France.	PRÉSIDENT. Un Maréchal de France.
JUGES. { 2 Lieutenans-Généraux ; 2 Maréchaux de camp ; 2 Intendans Militaires.	JUGES { 1 Lieutenant-Général ; 2 Maréchaux de camp ; 3 Intendans Militaires.

Art. 142. Les fonctionnaires des services de la guerre, ou les agens et individus à la suite des troupes et

des armées , seront jugés d'après une distinction relative de *huit* classes , conformément à l'état joint à la
présente loi.

TABLEAU N 6.

Assimilations militaires. — Page 49.

Art. 143. La composition des tribunaux se réglera
dès lors, selon les délits, crimes et forfaitures en prévention, comme il suit, par emploi ou rang :

TABLEAU N° 7.

Composition pour services de la guerre.—Page 50.

Art. 144. Quand il s'agira de délits, crimes ou forfaitures d'administration et de comptabilité, pour grades ou rangs militaires, un les juges des Tribunaux
correctionnels ou des Cours martiales sera remplacé
par un membre de l'Intendance militaire, conformément au tableau ci-après :

Grade de l'Accusé.	Juges Remplacés.	Juges Remplaçans.
Soldat ou Sous-Officier. Sous-Lieutenant ou Lieu-tenant	Un Capitaine	Un Sous-Intendant adjoint.
Capitaine . . . . Chef de Bataillon , d'Esca-dron ou Major . . . . . Lieutenant Colonel. . . .	Un chef de Bataillon d'Es-cadron ou major . . . . Un Lieutenant Colonel. . . Un Colonel	Un Sous Intendant milit.
Colonel. . . . . Maréchal de camp. . . .	Un Maréchal de camp .	Un Intendant Militaire.

Art. 145. Toutes les fois qu'il s'agira d'individus non
militaires, régnicoles ou étrangers, et simples citoyens,
sans rang ou sans fonctions publiques, les Tribunaux
correctionnels et les Cours martiales seront composés
comme s'ils devaient procéder au jugement *d'un capitaine*, et si les prévenus le demandent, comme s'il
s'agissait d'un *lieutenant* ou *sous-lieutenant*.

Art. 146. Lorsque ces mêmes individus inculpés auront un rang civil, administratif ou judiciaire, l'organisation des Tribunaux militaires compétens sera com-
binée à leur égard par analogie avec la correspondance
des grades ou fonctions, comme s'il était question
d'officiers de l'armée , de membres de l'intendance mi-

litaire ou d'agens et préposés des quatre dernières classes d'assimilation déterminées par l'article 142.

Art. 147. A l'égard des prisonniers de guerre et déserteurs étrangers ou de tous autres prévenus avec grades ou fonctions militaires, la composition des Tribunaux correctionnels ou des Cours martiales, devra toujours être réglée sur les assimilations mutuelles et positives des cartels d'échange.

Art. 148. Chaque fois qu'il s'agira du reste, en campagne, ou dans une place en état de siége, de traduire un étranger quelconque devant la justice des armes, il sera fait appel officieux du magistrat ou du commissaire de la même nation, qui devra assister à la procédure et prendre acte du jugement, sans plus, conformément aux articles 84 et 85.

Art. 149. Quelle que soit la composition rationnelle des Tribunaux de compétence, d'après les modifications prévues au présent chapitre ; les Auditeurs, les Commissaires du Roi et les Greffiers seront, pour leurs grades et fonctions, institués d'après le rang et le grade des Présidens.

Art. 150. Il n'y a lieu à modifications de composition pour les Consultes de révision, soit à l'intérieur, soit dans les places en état de siége, soit aux camps et armées, que dans le cas d'appel de jugemens prononcés contre des officiers de l'Intendance ou des officiers et agens militaires, des six dernières classes d'assimilation, selon le tableau n° 7 et l'article 143.

Art. 151. Alors un des maréchaux-de-camp, un des colonels ou lieutenans-colonels, un des chefs de bataillon, d'escadron ou majors, est remplacé par un intendant militaire, ou par un sous-intendant.

Art. 152. De quelque part que procède tout autre jugement, les Consultes de révision resteront composées en raison des grades effectifs ou des assimilations et analogies arrêtées pour chaque position des prévenus et chaque circonstance relative d'application de Justice militaire, au dedans et au dehors du territoire.

TITRE III.

NOMINATIONS ET INSTITUTIONS.

====

CHAPITRE I.

Dispositions communes.

Art. 153. Attendu que l'organisation des Conseils de discipline, que celle des Commissions d'enquête et des Prévôtés d'armée dépendent exclusivement de la prérogative royale, le Ministre secrétaire d'état de la guerre prend à cet égard les ordres du Roi, et les fait connaître officiellement chaque fois qu'il y a lieu de constituer une juridiction de l'une ou de l'autre espèce.

Art. 154. Hors le cas de nomination aux fonctions de cette police intérieure, toute désignation personnelle pour action judiciaire près des Tribunaux correctionnels, près des Cours martiales ou des Consultes de révision, doit procéder d'un titre authentique et spécial, duement notifié selon sa date, ses termes et sa destination.

Art. 155. On suivra pour chaque espèce de fonctions judiciaires, quelque soit le Tribunal d'institution, les formalités et les précautions ci-après, sous peine de *nullité.*

Art 156. Chaque greffier et commis greffier, quel que soit son grade ou son rang, sera choisi, savoir :

Pour l'intérieur, dans les cadres de réforme ou de retraite ;

Pour l'armée, dans ceux de l'activité, ou de la disponibilité.

Art. 157. Les Auditeurs, leurs adjoints et les Commissaires du Roi, autres que les membres de l'Intendance, seront pris, selon leur placement et leur grade, parmi les officiers du corps royal d'état-major ou de la gendarmerie, en activité de service ou en disponibilité.

Art. 158. Les Présidens des tribunaux seront désignés spécialement, parmi les plus anciens d'âge ou de service de leur grade et de leur rang, dans toutes les positions d'activité, et en cas d'insuffisance, dans celles de la disponibilité ou de la retraite.

Art. 159. Il sera formé, dans les cadres d'activité *exclusivement*, pour les officiers et fonctionnaires militaires qui devront siéger comme juges, des tableaux de grades et de rangs, d'après lesquels chacun d'eux sera appelé successivement, dans l'ordre de son inscription.

Art. 160. Les sous-officiers à convoquer seront soumis, par ordre d'armes et de numéros de corps, à une désignation successive aussi, dans les différens cadres de troupes de ligne et suivant leurs rangs de grade et d'ancienneté.

Art. 161. A la formation de chaque Tribunal correctionnel, de chaque Cour martiale ou Consulte de révision, les militaires ou fonctionnaires militaires désignés pour en faire partie à titre quelconque, déposeront, *avant tout*, le titre de leur appel, et il en sera fait mention expresse dans l'énoncé des protocoles de jugement.

Art. 162. Dans l'intérieur, comme hors le territoire, la nomination des Présidens, des Commissaires du Roi, des Auditeurs et des Greffiers, a son effet, près des Tribunaux permanens, jusqu'à remplacement ou révocation.

Art. 163. Quant à celle des *juges* près des mêmes Trbunaux fixes, elle est limitée, ainsi qu'il suit, quels que soient leurs grades et leurs rangs.

A L'INTÉRIEUR.	Tribunaux correctionnels. Cours martiales	TROIS MOIS.
	Consultes de Révision. . . .	SIX MOIS.
EN CAS DE SIÈGE.	Tribunaux correctionnels. Cours martiales	TROIS MOIS.
	Consultes de Révision. . . .	SIX MOIS.
AUX CAMPS ET ARMÉES.	Tribunaux correctionnels. Cours martiales	SIX MOIS.
	Consultes de Révision. . . .	UN AN.

CHAPITRE II.

Règles à l'intérieur.

ART. 164. Le Ministre secrétaire d'état de la guerre arrête chaque année, et présente à l'approbation du Roi, par espèce de Tribunaux, l'état nominatif des officiers et fonctionnaires militaires, susceptibles d'y être attachés à titre fixe, comme Présidens, Commissaires du Roi, Auditeurs et Greffiers, dans chaque division, ou chaque circonscription territoriale du ressort.

ART. 165. Il y aura dans cet état, pour chaque grade et fonction, une série d'ancienneté d'âge ou de service, d'après laquelle chaque nomination sera de *droit*, à mesure des appels, pour institution, remplacement, révocation, départ, absence, maladie, mort ou récusation.

ART. 166. L'Intendant militaire de chaque division territoriale formera, chaque année aussi, le tableau spécial prescrit par l'article 159, pour la désignation successive des officiers et fonctionnaires militaires devant siéger tour à tour, dans l'étendue de la division, comme *juges* aux juridictions permanentes Correctionnelles.

Art. 167. En ce qui concerne les Cours martiales et les Consultes de révision, les tableaux des divisions militaires de leur circonscription mutuelle, seront réunis et présentés dans un tableau général de juridiction, par l'Intendant militaire du chef-lieu de siége.

Art. 168. Chaque tableau d'appel éventuel de *juges* comprendra, par grade et par ancienneté, l'état nominatif des officiers-généraux et officiers de tous grades, ainsi que celui des membres de l'Intendance et des agens des services militaires, employés les uns et les autres dans la division ou la circonscription des divisions du ressort de chaque Tribunal institué.

Art. 169. Les commandans de place se feront remettre par les chefs de corps de la garnison, l'état particulier des sous-officiers susceptibles d'être appelés à faire partie d'un Tribunal correctionnel ou d'une Cour martiale, et l'enverront au sous-intendant de l'arrondissement.

Art. 170. Après vérification de chaque état de place, le sous-intendant dressera l'état général de sa dépendance, conformément à l'article 160, et le fera approuver par l'officier général, commandant la subdivision territoriale.

Art. 171. Quels que soient les tableaux et les états des officiers et fonctionnaires appelés à faire éventuellement partie d'un Tribunal militaire, *comme juges*, ils devront être soumis aux Lieutenans-généraux des divisions respectives et présentés par eux à l'approbation du Ministre de la guerre.

Art. 172. Les états des sous-officiers susceptibles de siéger en même qualité de *juges*, seront exécutoires, sur l'approbation du Lieutenant-général, commandant la division du siège.

Art. 173. Quand il s'agira de formation de Tribunaux correctionnels, de Cours martiales et de Consultes de révision, pour connaître de procédures au delà des rangs de soldat et de sous-officier ou d'assimilation relative, il sera dressé des tableaux spéciaux des officiers et des fonctionnaires militaires compétens, pour siéger comme nouveaux *juges*, en raison du prévenu et de la juridiction.

Art. 174. Toute formation de tableaux de cette espèce sera temporaire et soumise néanmoins aux formalités prescrites pour les tableaux annuels permanens.

Art. 175. Chaque fois que les intendans et sous-intendans militaires auront à dresser des tableaux d'officiers et des états de sous-officiers susceptibles d'être
appelés pour *juges* près d'un Tribunal de la juridiction
des armes, ils seront tenus, sous toute responsabilité,
de se faire présenter les états de service, les commissions, les extraits d'âge, et de compulser rigoureusement les registres matricules des corps, les contrôles
nominatifs des officiers sans troupe, afin de classer
chaque grade ou chaque rang, dans l'ordre de son ancienneté et de son tour légal d'appel.

Art. 176. Toute négligence ou prévarication à cet
égard donnera lieu à poursuite, selon les cas et les circonstances de prévention.

CHAPITRE III.

Exceptions d'état de siège.

Art. 177. Lorsqu'une place de guerre ou autre se
trouvera en état de siége duement proclamé, la formation des Tribunaux de justice militaire appartiendra
exclusivement à l'officier Commandant supérieurement,
s'il n'y a pas été pourvu d'avance par autorité ou délégation royale.

Art. 178. En conséquence, les Présidens, Auditeurs,
Commissaires du Roi et Greffiers, sont à sa nomination
directe et commissionnés de droit par sa désignation.

Art. 179. L'installation de tout Tribunal militaire,
pour place en état de siége, est mise à l'ordre de la
place et proclamée de la même manière que l'état de
siége.

Art. 180. Quant à la formation des tableaux d'officiers et des états de sous-officiers susceptibles d'être

appelés en qualité de *juges*, elle restera soumise, en tout et autant que possible, aux formalités prescrites pour l'intérieur, sous l'examen et l'arrêté du Conseil de défense.

ART. 181. Alors l'officier Commandant supérieur aura la faculté d'approuver, sans plus, la publication des tableaux et états et de les rendre exécutoires, soit pour Conseils de discipline et Commissions d'enquête, soit pour Tribunaux correctionnels, pour Cours martiales ou Consultes de révision, les uns et les autres permanens ou éventuels.

ART. 182. Les attributions dévolues au Commandant d'une place en état de siége, cessent de plein droit, du moment où cet état exceptionnel n'existe plus, et qu'un acte de l'autorité a consacré le retour à la justice militaire ordinaire.

ART. 183. A partir de cette époque, toute nomination ou institution judiciaire qui se prolongerait, quelle qu'en fût la cause, deviendrait incompétente, et serait une forfaiture.

ART. 184. Quelles que pussent être aussi les procédures déjà entamées, elles seraient dès lors déférées aux Conseils de discipline, aux Commissions d'enquête, aux Tribunaux correctionnels, ou Cours martiales, soit de l'intérieur, soit des camps et armées.

CHAPITRE IV.

Principes applicables en campagne.

ART. 185. Chaque fois qu'un rassemblement de troupes aura été déclaré armée ou corps d'armée par ordonnance du Roi, le ministre secrétaire d'état de la guerre soumettra à la sanction de S. M. les tableaux des officiers et fonctionnaires militaires qui seront appelés à la formation des Tribunaux en campagne, comme Présidens, Commissaires du Roi, Auditeurs et Greffiers, soit aux divisions actives, soit aux quartiers-généraux, ou grands détachemens de guerre.

Art. 186. Lorsque par des circonstances extraordinaires, cette disposition essentielle n'aura pas été consacrée à l'avance, le Général en chef pourra y suppléer en vertu de délégation spéciale émanée de la couronne, ou *par urgence*, sauf à en justifier pour approbation.

Art. 187. En tous cas, la désignation des officiers et fonctionnaires militaires à appeler successivement *comme juges*, aura lieu dans chaque corps, dans chaque place, dans chaque brigade, dans chaque division et à chaque quartier-général, sur des tableaux distincts dressés avec les précautions prescrites pour l'intérieur.

Art. 188. A cet égard, les Sous-Intendans, les Intendans militaires, les Maréchaux-de-camp, les Lieutenans-généraux et les Généraux en chef, devront s'assujétir à l'exécution formelle des mêmes dispositions, en tout ce qui sera possible.

Art. 189 Pour ce qui concerne la désignation des sous-officiers, susceptibles aussi de siéger *comme juges*, les Chefs d'état-major des brigades et des divisions actives rempliront les fonctions des commandans de place à l'intérieur, et les états dressés avec le concours des membres de l'Intendance, deviendront exécutoires, dans chaque division et pour chaque quartier-général, sur l'approbation des officiers-généraux Commandant supérieurement.

Art. 190. Quels que soient les tableaux et états d'appel de *juges*, ils seront publiés par l'ordre du jour, dans chaque brigade, chaque division et chaque quartier-général, pour servir aux désignations successives par ordre de grade ou de rang, selon les compétences et les besoins.

Art. 191. Les tours d'appel, pour chaque Tribunal, seront observés rigoureusement à l'armée et dans toute position hors du territoire, tant par rapport aux tableaux d'ordre des officiers et fonctionnaires militaires, que par rapport aux états des sous-officiers susceptibles, au même titre, d'être désignés les uns et les autres comme *juges*.

CHAPITRE V.

Remplacemens éventuels.

Art. 192. Chaque fois qu'il y aura lieu à révocation ou remplacement, pour Présidens, Commissaires du Roi, Auditeurs et Greffiers des Tribunaux militaires, l'ordre des tableaux dressés, soit à l'intérieur, soit dans les places en état de siége, soit aux camps et armées en campagne, sera toujours la règle obligée des nouvelles nominations, quel que soit le motif de la mutation.

Art. 193. Lorsqu'un militaire ou fonctionnaire militaire appelé à exercer des attributions judiciaires quelconques, près d'un Conseil, Commission ou Tribunal duement institué, ne pourra siéger pour raisons justifiées, il sera remplacé, dans chaque fonction, par le militaire ou le fonctionnaire militaire qui le suivra immédiatement dans l'ordre du tableau, ou de l'état, dont il faisait partie.

Art. 194. S'il ne se trouvait pas, dans les différens grades ou rangs, un nombre suffisant d'Officiers ou de membres de l'Intendance, pour la composition des Tribunaux permanens ou éventuels; les Présidens, les Juges, les Commissaires du Roi, les Auditeurs et les Greffiers pourront être pris, d'après l'ordre des tableaux et des états respectifs, dans les grades immédiatement inférieurs pour chacun d'entre eux; mais néanmoins sans jamais descendre, *pour les juges*, au dessous du grade ou rang de l'accusé.

Art. 195. En cas d'insuffisance positive, par suite de ce principe inviolable, il serait sursis à la procédure jusqu'à la formation légale, d'après une désignation de grades rigoureusement compétens.

Art. 196. Attendu que les tableaux d'ordre dressés par le Ministre secrétaire d'état de la guerre, par les

Intendans et Sous-Intendans militaires, sont susceptibles d'être rectifiés au fur et à mesure de mutations
incessantes, chaque autorité devra s'en donner avis et
faire faire aussitôt les changemens notifiés officiellement et devenus indispensables.

Art. 197. Les états des sous-officiers appelés à siéger
comme *juges*, dans les trois positions de juridiction,
seront également rectifiés selon les mutations ou les
déplacemens des troupes ou des individus.

Art. 198. Quelle que soit la cause d'une modification
sur les tableaux et les états d'ordre d'appel pour la
composition d'un Tribunal de justice militaire, il en
sera fait mention expresse à l'article de chaque membre *remplacé* et *remplaçant*.

Art. 199. De plus, toute révocation, ou toute substitution de chaque espèce, devra être mise à l'ordre de
la division, ou de la place en état de siége, ou de l'armée
et corps d'armée.

CHAPITRE VI.

Installation et Serment.

Art. 200. Avant tout exercice d'action judiciaire,
pour Prévôtés, pour Tribunaux correctionnels, Cours
martiales et Consultes de révision, il sera prêté un serment authentique, selon l'espèce des fonctions et la
formation des ressorts permanens ou éventuels.

Art. 201. Dans l'intérieur, le serment des Présidens,
Commissaires du Roi et Auditeurs, est prêté en présence de l'Etat-Major rassemblé, et reçu entre les mains
des Lieutenans-Généraux commandant les divisions
territoriales du siége ou du ressort.

Art. 202. La même formalité a lieu avec le même
appareil, devant l'Officier commandant une place déclarée en état de siége.

Art. 203. À l'armée, aux camps ou rassemblemens de guerre, chaque fois qu'il y aura lieu à l'installation d'un pouvoir judiciaire, le serment des Présidens, Commissaires du Roi et des Auditeurs, sera reçu par le Général en chef au milieu de l'Etat-Major général réuni et la Garde assemblée.

Art. 204. Le serment à prononcer par les Présidens, Commissaires du Roi et Auditeurs, dans les trois positions de juridiction, est ainsi conçu :

« Je jure d'être fidèle au Roi, d'obéir à la Charte » constitutionnelle, aux Lois du royaume, aux Or- » donnances et Réglemens de l'armée, et de remplir » avec exactitude, et *de conscience*, les fonctions qui » me sont confiées. »

Art. 205. Il sera dressé acte de ce serment dans toute occasion, par le ministère de l'Intendance militaire, comme pour celui des troupes, et le procès-verbal en sera mis, par extrait, à l'ordre du jour.

Art. 206. Quand un Président sera Lieutenant-Général ou Maréchal de France, c'est le Ministre Secrétaire d'Etat de la Guerre, qui recevra leur serment en personne ou par écrit, selon les circonstances, et en fera dresser l'acte, pour être notifié à la première séance d'installation.

Art. 207. Dès qu'il y aura convocation d'un Tribunal de procédure et de révision, qu'il soit permanent ou éventuel, le Président recevra, avant tout, en audience publique et à l'ouverture de la séance, le serment de l'Auditeur adjoint, s'il y en a, et celui du Greffier et commis Greffier.

Art. 208. Le serment des Auditeurs adjoints, celui des Greffiers et commis Greffiers, doit être dans les termes de celui prescrit pour les Présidens eux-mêmes, et les Commissaires du Roi, et les Auditeurs.

Art. 209. Tout Président, après ce premier acte d'installation, réclamera la même garantie des officiers, sous-officiers et fonctionnaires militaires, appelés à siéger comme *Juges*.

Art. 210. Dans ce cas, le serment à prêter par eux, à part, et individuellement, consistera dans l'engagement public, ci-après, qui sera lu par le Président, à haute voix, chaque Juge étant debout et découvert:

« Vous jurez d'examiner, avec une attention scrupu-
» leuse, l'affaire que vous êtes appelés à juger, et de
» prononcer d'après votre conscience, et en loyaux
» militaires. »

ART. 211. Après l'énonciation solennelle de cette formule, *chaque juge*, appelé nominativement par le Président, devra répondre, à haute voix aussi, et la main étendue : JE LE JURE.

ART. 212. Chaque fois qu'il y aura changement de Procédure, ou nouvelle désignation d'Auditeurs adjoints, de Greffiers, de commis Greffiers et de Juges, les Présidens procéderont à la prestation du serment de chaque formule, avec la même exactitude et la même publicité.

ART. 213. Il sera fait mention expresse de toute prestation préalable de serment, dans le protocole de la séance même où la formalité aura été remplie.

ART. 214. Quelles que soient la constitution d'un Tribunal et la circonstance d'un serment, il devra toujours en être pris acte public, sous peine de nullité de procédure.

CHAPITRE VII.

Injonctions préjudicielles.

ART. 215. Nul ne pourra faire partie d'un Conseil, Commission ou Tribunal militaire, à aucun titre, s'il n'est français ou naturalisé français.

ART. 216. L'âge requis et de rigueur pour exercer des fonctions judiciaires dans l'espèce de chaque degré de ressort, est réglé comme il suit :

Pour les Conseils de discipline ; }
— les Commissions d'enquête. } 25 ans.

4

Pour les Prévôtés d'armée ;
— les Tribunaux correctionnels. } 27 ans.
Pour les Cours martiales ;
— les Consultes de révision. } 30 ans.

ART. 217. Il ne pourra être admis à siéger, en paix comme en guerre, dessus ou hors le territoire, soit dans les Conseils de discipline et les Commissions d'enquête, soit dans les Prévôtés d'armées et les Tribunaux correctionnels, soit dans les Cours martiales et les Consultes de révision, aucune personne des positions ou des catégories suivantes :

1" Les militaires, parens ou alliés entre eux, jusqu'au degré d'oncle ou de neveu inclusivement ;

2° Ceux qui seraient parens ou alliés de l'accusé ou des complices, jusqu'au degré de cousin issu de germain . inclusivement aussi ;

3° Le militaire qui sera créancier ou débiteur d'une des parties, son héritier présomptif, son donataire ou son légataire ;

4° Les militaires qui auront eu un procès criminel avec l'une des parties, depuis un espace de moins de *cinq* ans, ou bien un procès civil, depuis moins de *six* mois ;

5° Celui qui a déjà connu de l'affaire, comme chef, comme administrateur, ou comme membre d'un Tribunal ;

6° Les auteurs des plaintes ou des rapports ayant motivé les préventions et les poursuites.

ART. 218. Si un Lieutenant-Général, ayant commandé une armée, ou corps d'armée, était mis en jugement, aucun des Lieutenans-Généraux, employés sous ses ordres, ne pourrait, à aucun titre, siéger au Tribunal devant lequel il serait traduit.

ART. 219. Quel que soit le lieu des séances d'un ressort de juridiction militaire, les Tableaux et les États d'ordre d'après lesquels il aura été composé, y seront tenus affichés constamment sous une consigne rigoureuse.

ART. 220. Toute altération ou tout changement abusif, toute atteinte, ou toute lacération volontaires à leur sujet, seront poursuivies comme forfaitures.

Art. 221. Dans aucun cas, les Officiers généraux commandant les divisions et subdivisions à l'intérieur, les brigades et divisions actives aux camps et armées, ne pourront, ainsi que leurs chefs d'état major, être inscrits aux Tableaux d'ordre, ni appelés à des fonctions judiciaires quelconques, dans l'étendue de leurs propres placemens et commandemens.

Art. 222. La même incompatibilité est applicable aux Officiers commandant les Places en état de siége, ainsi qu'à leurs chefs d'état major et adjudans.

Art. 223. Quelles que soient les circonstances de l'institution d'une juridiction militaire, les pouvoirs constituans, les Juges et Fonctionnaires quelconques appelés à l'administration de la justice propre de l'Armée, ne pourronts'écarter de l'exécution la plus religieuse de leurs devoirs, sans forfaiture personnelle et recours de vindicte publique.

COMPOSITION

DES

COMMISSIONS D'ENQUÊTE.

Article du Code 92. — Page 18.

Tableau n° 1".

COMMISSION D'ENQUÊTE DE RÉGIMENT.

COMPARANS.	PRÉSIDENS.	MEMBRES.
Sous lieutenant.	Un maréchal de camp.	Un colonel ou lieut. colonel. Un officier supérieur. * Un capitaine. Un sous lieutenant.
Lieutenant ou chirurgien aide major.	Un maréchal de camp.	Un colonel ou lieut. colonel. Un officier supérieur. * Un capitaine. Un lieutenant.
Capitaine ou chirurgien major.	Un maréchal de camp.	Un colonel ou lieut. colonel. Un officier supérieur. * Deux capitaines.

* Chef de bataillon, d'escadron ou major.

Nº 2. COMMISSION D'ENQUÊTE DE DIVISION.

COMPARANS.	PRÉSIDENS.	MEMBRES.
Officiers de toutes armes.		
Sous lieutenant.	Un maréchal de camp.	Un colonel ou lieut. colonel. Un officier supérieur. Un capitaine. Un sous lieutenant.
Lieutenant.	Un maréchal de camp.	Un colonel ou lieut. colonel. Un officier supérieur. Un capitaine. Un lieutenant.
Capitaine.	Un maréchal de camp.	Un colonel ou lieut. colonel. Un officier supérieur. Deux capitaines.
Chef de bataillon, d'escad. ou maj.	Un lieutenant général.	Un maréchal de camp. Un colonel ou lieut. colonel Deux officiers supérieurs.
Lieuten. colonel.	Un lieutenant général.	Un maréchal de camp. Un colonel. Deux lieutenans colonels.
Colonel.	Un lieutenant général.	Deux maréchaux de camp. Deux colonels.
Intendance Militaire.		
Adjoint de deuxième classe	Un maréchal de camp.	Un sous intendant. Un officier supérieur. Deux adjoints de 2e classe.
Adjoint de première classe	Un lieutenant général.	Un intendant. Un colonel ou lieut. colonel. Deux adjoints de 1re classe.
Sous intendant de 2e classe.	Un lieutenant général.	Un intendant. Un colonel. Deux sous intend. de 2e classe.
Sous intendant de 1re classe.	Un lieutenant général.	Un maréchal de camp. Un intendant. Deux sous intend. de 1re classe.

Nº 2. COMMISSION D'ENQUÊTE DE DIVISION (Suite).

COMPARANS.	PRÉSIDENS.	MEMBRES.
Officiers de santé.		
Médecin adjoint.	Un maréchal de camp.	Un sous intendant militaire. Un officier supérieur. Un médecin ordinaire. Un médecin adjoint.
Médecin ordinaire	Un maréchal de camp.	Un sous intendant militaire. Un officier supérieur. Deux médecins ordinaires.
Chirurgien sous aide major.	Un maréchal de camp.	Un sous intendant militaire. Un officier supérieur. Un chirurgien major. Un chirurgien sous aide.
Chirurgien aide major.	Un maréchal de camp.	Un sous intendant militaire. Un officier supérieur. Un chirurgien major. Un chirurgien aide major.
Chirurgien major.	Un maréchal de camp.	Un sous intendant militaire. Un officier supérieur. Deux chirurgiens majors.
Pharmacien aide major.	Un maréchal de camp.	Un sous intendant militaire. Un officier supérieur. Un pharmacien major. Un pharmacien aide-major.
Pharmacien major	Un maréchal de camp.	Un sous intendant militaire. Un officier supérieur. Deux pharmaciens majors.
Officier de santé principal.	Un lieutenant général.	Un intendant militaire. Un colonel ou lieut. colonel. Deux offic. de santé princ.
Officier de santé inspecteur.	Un lieutenant général.	Un maréchal de camp. Un intendant militaire. Deux offic. de santé inspec.

N° 2. COMMISSION D'ENQUÊTE DE DIVISION (Suite).

COMPARANS.	PRÉSIDENS.	MEMBRES.
Agens d'Administration.		
Adjudant d'Administration	Un maréchal de camp.	Un sous intendant militaire. Un officier supérieur. * Un offic. d'adm. comptab. Un adjudant d'administrat.
Agent d'admin. comptab.	Un maréchal de camp.	Un sous intendant militaire. Un officier supérieur. Deux Agens comptables
Agent d'adm. principal.	Un lieutenant général.	Un intendant militaire Un colonel ou lieut. colon. Deux Agens principaux.
Commis entretenus de l'Intendance.		
1re. 2e et 3e classes	Un maréchal de camp.	Un sous intendant milit. Un officier superieur. * Deux commis

* Chef de bataillon, d'escadron ou major.

N° 3. COMMISSION SPÉCIALE D'ENQUÊTE.

COMPARANS.	PRÉSIDENS.	MEMBRES.
Intendant militaire.	Un Maréchal de France.	Deux lieutenans généraux. Deux intendans militaires.
Maréchal de camp.	Un Maréchal de France.	Deux lieutenans généraux. Deux maréchaux de camp.

N° 4. Article 116.

Tribunaux correctionnels militaires.

FORMATION PAR RANGS ET GRADES.				
PRÉSIDENS.	JUGES.	AUDITEURS.	COMMISSAIRES du Roi.	GREFFIERS.
Pour Soldats ou Sous-Officiers.				
Un colonel.	1 officier supér. 1 capitaine. 1 lieutenant. 1 sous lieutenant. 2 sous officiers.	Sous intendant adjoint de 2e classe ou capit. d'état maj.	Sous intendant de 2e classe ou chef d'escadron d'état major.	Sous offic. ou sous lieut.
Pour Sous-Lieutenans.				
Un colonel.	1 officier supér. 1 capitaine. 2 lieutenans. 2 sous lieutenans.	Sous intendant adj. de 2e classe ou capit. d'état maj.	Sous intendant de 2e classe ou chef d'escad. d'état major.	Sous lieut. ou lieutenant.
Pour Lieutenans.				
Un colonel.	2 officiers supér. 2 capitaines. 2 lieutenans.	Sous intendant adj. de 2e classe ou cap. d'ét. maj.	Sous intendant de 2e classe ou chef d'es. d'ét. m.	Sous lieut. ou lieutenant.
Pour Capitaines.				
Un colonel.	1 lieut. colonel. 3 officiers supér. 2 capitaines.	Sous intendant adj. de 2e classe ou cap. d'ét. maj.	Sous intendant de 2e classe ou chef d'es. d'ét. m.	Sous lieut. ou lieutenant.
Pour Officiers-Supérieurs.				
Un maréchal de camp.	2 colonels. 2 lieut. colonels. 2 officiers supér.	Sous intend. adj. de 1re classe ou chef d'es. d'ét. m.	Sous intendant de 1re classe ou col. d'ét. maj.	Lieutenant ou capitaine.
Pour Lieutenans-Colonels.				
Un lieutenant général.	1 mar. de camp. 3 colonels. 2 lieut. colonels.	Sous intend. adj. de 1re classe ou chef d'es. d'ét. m.	Sous intendant de 1re classe ou col. d'ét. maj.	Lieutenant ou capitaine.
Pour Colonels.				
Un lieutenant général.	4 maréchaux de camp. 2 colonels.	Sous intend. ad. de 1re classe ou chef d'es. d'ét. m.	Sous intendant de 1re classe ou col. d'ét. maj.	Lieutenant ou capitaine.
Pour Maréchaux-de-Camp.				
Un Maréchal de France.	4 lieut. généraux. 2 maréchaux de camp.	Maréchal de camp ou intend. militaire.	Intendant militaire.	Sous int. ad. ou lieu. col. d'état maj.

N° 5.   Article 125.

Cours martiales criminelles.

Formation par Rangs et Grades.

Présidens.	Juges.	Auditeurs.	Commissaires du Roi.	Greffiers.
Pour Soldats ou Sous-Officiers.				
Un Colonel.	1 officier super. 1 capitaine. 1 lieutenant. 3 sous officiers.	Sous intendant adj. de 2e classe ou capit. d'ét. maj.	Sous intendant de 2e classe ou chef d'es. d'ét. m	Sous lieut. ou lieutenant.
Pour Sous-Lieutenans.				
Un colonel.	1 officier supér. 1 capitaine. 1 lieutenant. 3 sous lieutenans.	Sous intendant adj. de 2e classe ou cap. d'ét. maj.	Sous intendant de 2e classe ou chef d'es. d'ét. m.	Sous lieut. ou lieutenant.
Pour Lieutenans.				
Un colonel.	1 officier super. 2 capitaines. 3 lieutenans.	Sous intend. adj. de 2e classe ou cap. d'ét. maj.	Sous intendant de 2e classe ou chef d'es. d'ét. m.	Sous lieut. ou lieutenant.
Pour Capitaines.				
Un colonel.	1 lieut. colonel. 2 officiers supér. 3 capitaines.	Sous intend. adj. de 1re classe ou chef d'es. d'ét. m.	Sous intendant de 2e classe ou chef d'es. d'ét. m.	Sous lieut. ou Capitaine.
Pour Officiers supérieurs.				
Un maréchal de camp.	1 colonel. 2 lieut. colonels. 3 officiers supér.	Sous intend. adj. de 1re classe ou chef d'es. d'ét. m.	Sous intendant de 2e classe ou lieut. col. d'ét. m.	Sous lieut. ou Capitaine.
Pour Lieutenans-Colonels.				
Un maréchal de camp.	1 mar. de camp. 2 colonels. 3 lieut. colonels.	Sous intend. adj. de 1re classe ou chef d'es. d'ét. m.	Sous intendant de 2e classe ou lieut. col. d'ét. m.	Sous lieut. ou Capitaine.
Pour Colonels.				
Un lieutenant général.	3 maréchaux de camp. 3 colonels.	Sous intend adj. de 1re classe ou chef d'es. d'ét. m.	Sous intendant de 1re classe ou colen. d'ét. maj.	Lieutenant ou Capitaine.
Pour Maréchaux-de-Camp.				
Un maréchal de France.	3 lieut. généraux. 3 maréchaux de camp.	Sous intendant ou colon. d'ét. maj.	Intend. militaire ou maréc. de camp.	Capitaine ou offic. supér.

N° 6.   Article 142.   Page 27.

Assimilations militaires

POUR LES SERVICES GÉNÉRAUX DU DÉPARTEMENT DE LA GUERRE.

ASSIMILATIONS.	EMPLOIS ET FONCTIONS.	JUGES DE LEUR RANG.	
		Au correctionn.	Au criminel.
Première Classe.			
Soldats, capor. et brigadiers.	Domestiq., vivandier, artisans.	»	»
	Ouvriers ordin. de tous états.	»	»
Deuxième Classe.			
Sous officiers.	Commis de l'intend. de 3e cl.	2	3
	Secrétaire expédit. d'état major.	»	»
Troisième Classe.			
Sous lieutenans	Commis de l'int. de 1re et 2e cl	2	3
	Adjudant d'administ. en 2e.	2	3
	Chirurgiens sous aides.	2	3
Quatrième Classe.			
Lieutenans.	Adjudans d'administ. en 1er.	2	3
	Pharmaciens et chirurg. aides.	2	3
	Médecins adjoints.	2	3
Cinquième Classe.			
Capitaines.	Agens d'administ. comptables.	2	3
	Aumôniers et chapelains.	2	3
	Pharmac. et chirurg. majors.	2	3
	Médecins ordinaires.	2	3
Sixième Classe.			
Majors.	Agens principaux d'administ.	2	3
	Pharmaciens et chirurg. princ.	2	3
	Médecins principaux.	2	3
Septième Classe.			
Lieut. colonels.	Agent d'adm. en chef aux arm.	2	3
	Offic. de santé en chef aux arm.	2	3
Huitième Classe.			
Colonels.	Pharmaciens, chirurgiens et médecins inspecteurs.	2	3

N° 7. Article 143. Page 27.

Composition pour les services de la guerre.

AU CORRECTIONNEL.	AU CRIMINEL.
Première Classe.	
JUGES. Un colonel, président. 1 Sous Intendant adjoint. 1 Chef de bat. d'esc. ou major. 1 Capitaine. 1 Lieutenant. 2 Sous Lieutenans.	JUGES. Un colonel, président. 1 Sous Intendant adjoint. 1 Capitaine. 1 Lieutenant. 5 Sous Lieutenans.
Deuxième Classe.	
JUGES. Un colonel, président. 1 Sous Intendant adjoint. 1 Chef de bat. d'esc. ou major. 2 Capitaines. 2 du grade ou de l'emploi.	JUGES. Un colonel, président. 1 Sous Intendant adjoint. 1 Chef de bat. d'esc. ou major. 1 Capitaine. 5 du grade ou de l'emploi.
Troisième et quatrième Classe.	
JUGES. Un colonel, président. 2 Sous Intendans adjoints. 2 Chefs de bat. d'esc. ou major. 2 du grade ou de l'emploi.	JUGES. Un colonel, président. 1 Sous Intendant. 1 Chef de bat. d'esc. ou major. 1 Sous Intendant adjoint. 3 du grade ou de l'emploi.
Cinquième et sixième Classe.	
JUGES. Un Maréchal de Camp, présid. 2 Colonels. 2 Sous Intendans. 2 du grade ou de l'emploi.	JUGES. Un Maréchal de Camp, présid. 1 Colonel. 2 Sous Intendans. 3 du grade ou de l'emploi.
Septième et huitième Classe.	
JUGES. Un Lieutenant Général, présid. 2 Maréchaux de Camp. 2 Intendans. 2 du grade ou de l'emploi.	JUGES. Un Lieutenant Général, présid. 2 Maréchaux de Camp. 1 Intendant. 3 du grade ou de l'emploi.

CODE
de
JUSTICE MILITAIRE.

LIVRE II.
De la Procédure.

TITRE I.
RECHERCHES ET POURSUITES.

CHAPITRE I.
Police Judiciaire.

Art. 224. En fait de prévention pour cas de recherches et de poursuites d'espèce militaire, la police judiciaire est exercée, pour tous les ressorts et toutes les positions, à l'intérieur ou à l'armée, en campagne :

1° Par les Auditeurs ; 2° par les Commandans, Majors et Adjudans de place ; 3° par les Officiers de la gendarmerie ; 4° par les Chefs de corps, de dépôts, de détachemens et de postes ; 5° par les Officiers et Gardes de l'Artillerie et du Génie ; 6° par les Membres du corps de l'Intendance militaire.

Atr. 225. Lorsqu'il y aura concurrence entre plusieurs Officiers de police judiciaire compétens, la préférence appartiendra au plus élevé en grade ou rang , et à grade ou rang égal, au plus ancien d'âge.

ART. 226. Toutefois l'initiative sera , dans tous cas de recherches, dévolue de droit aux Auditeurs, et à leur défaut :

1° Aux Commandans et Majors de place , pour tous désordres, fautes, délits et crimes commis dans la place, autres néanmoins que désordres , fautes, délits et crimes d'administration et de comptabilité militaires ;

2° Aux Membres du corps de l'Intendance militaire, pour désordres, fautes , délits et crimes d'administration et de comptabilité, dépendant de leur contrôle ;

3° Aux Officiers et Gardes de l'Artillerie et du Génie, pour les dégradations commises dans les ouvrages de fortification , dans les bâtimens, usines, magasins, parcs, arsenaux et autres établissemens placés sous leur surveillance.

ART. 227. Dans toute circonstance de poursuites, l'action de police judiciaire, à défaut d'Auditeurs, appartiendra toujours , à grade égal, aux Officiers de Gendarmerie, comme force publique, à l'intérieur et à l'armée en campagne.

ART. 228. Les Officiers de police judiciaire militaire recevront les dénonciations et plaintes qui leur seront adressées en cette qualité;

Ils rédigeront les procès-verbaux nécessaires pour constater le désordre , la faute, le délit ou crime, leurs circonstances , les tems et les lieux ;

Ils recueilleront les déclarations des personnes aussi qui auraient été témoins ou qui auraient des renseignemens utiles à fournir.

ART. 229. Dans le cas de flagrant délit , tout Officier de police judiciaire fera saisir les militaires ou justiciables des ressorts de l'armée , ouvertement prévenus des désordres, fautes , délits et crimes , et les fera conduire imméditement devant l'autorité compétente ;

Il sera dressé procès-verbal de l'arrestation , en y consignant les noms, les qualités et le signalement des individus saisis.

ART. 230. Le désordre , la faute, le délit ou crime qui

se. commet actuellement ou qui vient de se commettre, est *un flagrant délit*.

Sont aussi réputés flagrant délit, le cas où le prévenu est poursuivi par la clameur publique, et celui où le prévenu est trouvé saisi d'effets, d'armes, d'instrumens ou papiers faisant présumer qu'il est auteur ou complice, pourvu que ce soit dans un tems voisin de l'action.

ART. 231. Hors le cas de flagrant délit, tout militaire ou autre justiciable des ressorts de l'armée qui, étant en activité de service ou de fonctions, serait inculpé de préventions quelconques répressives, ne pourra être arrêté qu'en vertu de l'ordre d'un de ses supérieurs, à charge de compte rendu dans les vingt-quatre heures.

CHAPITRE II.

Insoumission au Service.

ART. 232. Tout jeune soldat d'appel ou tout engagé volontaire qui n'a pas encore été reçu aux drapeaux, et se trouve avoir dépassé de plus d'un mois l'époque fixe de son arrivée à destination, est réputé *insoumis* et poursuivi comme *tel*.

ART. 233. L'insoumission est la première atteinte portée aux lois du service militaire national, et donne lieu à des diligences qui n'ont le caractère de culpabilité qu'après le délai fatal désigné pour terme de retard d'obéissance, s'il n'y a pas eu, après cet intervalle, retour volontaire au devoir.

ART. 234. On comprend sous la qualification de *jeunes soldats d'appel*, les hommes d'un contingent qui s'y trouvent portés définitivement, soit pour leur propre compte, soit comme substituans ou remplaçans.

ART. 235. Les engagés volontaires, immédiatement après la signature de leur acte de service, sont assimilés en tout aux jeunes soldats des contingens, pour les circonstances et les suites du délit d'insoumission.

Art. 236. Après le délai d'un mois, les Commandans des dépôts de recrutement font les diligences nécessaires pour assurer la prompte arrestation des prévenus, et les signalent à la gendarmerie, ainsi qu'aux autorités locales.

Art. 237. Dès lors, tout jeune soldat d'appel ou tout engagé volontaire qui ne justifie pas du cas de force majeure, soit par entrée dans un hôpital, soit par traitement à domicile pour cause de maladie grave et régulièrement constatée, est immédiatement noté, signalé et poursuivi comme *insoumis*.

Art. 238. Qu'un jeune soldat, après s'être présenté et avoir été mis en route, abandonne le détachement dont il faisait partie, les recherches d'insoumission sont aussitôt dirigées contre lui, sur l'envoi de son signalement indiquant le jour précis de sa disparition. — Modèle n° 8

Art. 239. Le Commandant du dépôt de recrutement du lieu de départ, adresse des extraits du signalement à la gendarmerie et aux autorités locales, pour appeler le concours de tous les moyens d'arrestation.

Art. 240. Si un mois après le jour fixé par l'ordre de route pour l'arrivée à destination, un jeune soldat de contingent d'appel n'a pas paru au corps ou à l'établissement assigné, et si ce retard ne provient pas du cas de force majeure prévu par l'article 237, le chef du corps ou de l'établissement renvoie, dans les vingt-quatre heures, au Commandant du dépôt de départ, le contrôle signalétique qu'il avait reçu pour l'homme en délit d'insoumission, et certifie au bas de cette pièce, qu'il n'a été informé d'aucune cause légitime de retard.

Art. 241. Lorsqu'il s'agit d'un engagé volontaire, placé dans la même position d'absence et de prévention, le Chef du corps ou de l'établissement militaire, après l'expiration du délai de rigueur, transmet également, dans les vingt-quatre heures, l'expédition de l'engagement au Sous-Intendant militaire du département dans lequel il avait été contracté, il l'accompagne d'un bulletin certifiant aussi qu'il n'a été informé d'aucune cause légitime de retard. (Modèle n° 9.)

ART. 242. Le Sous-Intendant militaire après avoir reçu les pièces et avoir inscrit au registre qu'il tient à cet effet, la mention de la non-arrivée à destination, les transmet sans retard au Commandant du dépôt de recrutement, pour titres de recherches et de repression.

ART. 243. Immédiatement après la réception des pièces prouvant l'insoumission de jeunes soldats d'appel ou d'engagés volontaires en délit de retard d'arrivée aux corps de troupe ou aux établissemens pour lesquels ils avaient été mis en route, le Commandant du dépôt en donne connaissance à l'Officier-Général ou Supérieur commandant le département, et prend près de lui toutes informations convenables pour constater les causes du retard, s'il a pu y en avoir.

ART. 244. Dans le cas où l'avis de l'Officier-Général consulté n'aurait signalé aucun empêchement de force majeure duement justifié, le Commandant du dépôt est tenu, sous peine de responsabilité, d'envoyer immédiatement le signalement des prévenus. (Modèle n° 8.) savoir :

1° Au Ministre de la guerre, bureau de la justice militaire;

2° Aux Préfets des départemens ci-après :

Celui du contingent auquel le jeune soldat appartient, ou dans lequel l'engagé volontaire a contracté;

Celui où l'un et l'autre sont nés ;

Celui où ils avaient leur dernier domicile ou résidence;

Et celui où leurs pères et mères sont domiciliés.

ART. 245. Le même signalement, en même forme, est adressé en outre par tout Commandant de dépôt, aux Commandans des légions de gendarmerie dans l'arrondissement desquelles sont situés les départemens des prévenus.

ART. 246. Si quelque coupable d'insoumission appartenait au contingent du département de la Seine, ou bien s'il y avait contracté son engagement volontaire, s'il y avait son dernier domicile ou sa résidence, s'il y est né ou s'il y est réfugié, le signalement, au lieu d'être envoyé au Préfet de ce département, est adressé au Préfet de police de Paris, ainsi qu'au Commandant de la 1re légion de gendarmerie départementale.

Art. 247. L'Officier de recrutement est tenu, en faisant les envois respctifs de ces signalemens d'insoumis, d'adresser en même tems à l'Officier-Général ou Supérieur commandant le département d'un prévenu, un rapport en forme de plainte (Modèle n° 10), et de mettre à l'appui les pièces suivantes :

POUR JEUNE SOLDAT D'APPEL.

Des extraits du registre des notifications constatant que l'ordre de route a été déposé au domicile ou au lieu de résidence, si cette dernière notification a dû se faire ;

Un extrait du contrôle signalétique établissant le fait de non-arrivée à destination dans le délai de rigueur, s'il y a eu départ et mise en route ;

Ou une expédition du signalement établi d'après l'article 238, si l'insoumis ne s'est pas même présenté lors de son appel au chef-lieu du département, afin d'y être passé en revue.

POUR ENGAGÉ VOLONTAIRE.

Une copie de l'acte d'engagement certifié par le Sous-Intendant militaire ;

Une copie du bulletin établissant le fait d'un retard illégal, duement aussi certifié.

Art. 248. Il est ouvert au dépôt de recrutement de chaque département respectif, pour chaque classe de *jeunes soldats insoumis*, un contrôle à ce titre spécial.

Chaque année, il en est tenu un semblable pour les engagés volontaires prévenus du même délit.

Art. 249. L'un et l'autre contrôles s'établissent en double expédition, et dans le même ordre, pour être tenus concurremment au moyen des signalemens, tant par le Commandant du dépôt, que par l'Officier commandant la gendarmerie. (Modèles n°s 11 et 12.)

Art. 250. Les Préfets, Sous-Préfets et Maires, les Commandans des brigades de gendarmerie, correspondent exactement dans leurs lignes de hiérarchie pour toutes les mutations parvenues à leur connaissance, sous le rapport de la position de chacun des prévenus d'insoumission.

Tout avis et toute communication à ce sujet, sont transmis aux Commandans de dépôt et aux Commandans de la gendarmerie pour être annotés sur leurs contrôles.

Art. 251. Quand les Conseils de révision du recrutement commencent les opérations d'appel d'une classe, les Commandans des dépôts se munissent des extraits de leurs contrôles d'insoumis pour chacun des cantons où l'on se trasportera, et dès l'arrivée successive aux chefs-lieux d'opération, ils mettent sous les yeux du Préfet les noms des prévenus de la localité, afin que tous les Maires convoqués par lui et réunis en sa présence, donnent tour à tour les renseignemens dont il serait possible de s'aider pour la découverte et l'arrestation des hommes.

Art. 252. Si quelques renseignemens obtenus en ces occasions, font connaître que les insoumis se sont réfugiés hors le département de leur appel ou de leur engagement volontaire, le commandant du dépôt dresse, en double expédition, un bulletin de recherches qu'il transmet, d'une part, immédiatement aux Commandans de la gendarmerie des lieux de retraite, et qu'il laisse, de l'autre, entre les mains du Préfet pour être envoyé par lui au Préfet de la résidence furtive, avec invitation de diligences expresses. (Modèle n° 13.)

Art. 253. En général, les Préfets, dans leur concours mutuel de surveillance, doivent donner aux Sous-Préfets et Maires, ainsi qu'à tous les fonctionnaires et agens civils, mais spécialement aux Gardes-Champêtres et Forestiers, les instructions et les ordres les plus précis pour avoir à se concerter avec la gendarmerie et l'autorité militaire dans la recherche et l'arrestation des insoumis, et pour la transmission rapide des renseignemens et des avis reçus des lieux de refuge ou de retraite.

Art. 254. De leur côté, les Préfets doivent entretenir eux-même, avec le Ministre de la guerre et les Officiers-Généraux commandant sur les lieux, une correspondance suivie relativement aux mesures propres à réprimer l'insoumission et à faire suivre les prévenus jusqu'au-dehors du royaume, en cas de retraite en pays étranger.

Art. 255. Il est prescrit aux Maires, sous leur responsabilité personnelle, de coopérer de tout leur pouvoir aux diligences faites pour obliger les insoumis à rejoindre, soit en fournissant à la gendarmerie toutes les indications propres à seconder son action, soit en employant toutes les ressources de leur influence et de leurs bons offices, pour établir parmi les jeunes gens des appels législatifs et les engagés volontaires, l'entière conviction qu'ils ne sauraient *au fait* se soustraire impunément *tôt* ou *tard* aux obligations du service.

Art. 256. Tout Maire appelé à faire rejoindre des rétardataires ou insoumis avant le délai total d'un mois, doit le faire de conviction et de conscience, pour les sauver de condamnations qui, prononcées une fois contre eux, retomberaient en déshonneur et en charges publiques sur leurs communes.

Art. 257. Les jeunes gens d'appel ou les engagés volontaires prévenus d'insoumission, qui n'ont pas été arrêtés ou qui ne se seront pas présentés librement, ne seront rayés des contrôles de poursuites que dans les trois cas suivans :

1° S'ils sont décédés ; 2° S'ils ont été condamnés à une peine afflictive ou infâmante pour un crime quelconque, et si la condamnation a reçu un commencement d'exécution ; 3° S'ils sont amnistiés par une ordonnance royale, et si cette amnistie les libère entièrement de l'obligation de servir.

Art. 258. Le signalement des insoumis qui se trouveront dans l'un des trois cas de radiation, sera envoyé, ainsi qu'il est prescrit aux articles 244, 245, 246.

Il fera connaître les dates et les lieux des actes ayant amené la cause de la cessation de toutes poursuites.

Art. 259. Hors les cas prévus par l'article 257, tant

que la soumission à la loi du recrutement national n'est pas opérée , la désobéissance ou l'état d'insoumission se prolonge ; il n'y a point de prescription non plus pour ce délit ; l'obligation de service subsiste toujours et le service doit être exigé.

Art. 260. Quelle qu'en soit l'époque , la circonstance de la libération d'une classe ne profite point aux jeunes soldats d'appel et aux engagés volontaires qui n'ont point satisfait à la loi.

En conséquence , les recherches et les poursuites à leur égard ne peuvent aussi éprouver aucune modification dans leur continuité et leurs rigueurs.

<h2 style="text-align:center">CHAPITRE III.</h2>

Discipline intérieure.

Art. 261. Dès qu'il y a eu incorporation dans un cadre quelconque de l'armée, les soldats et sous-officiers qui, sans avoir commis de désordres ou de fautes justiciables des tribunaux correctionnels militaires, prennent l'habitude néanmoins de provoquer le trouble et le mauvais exemple, sont désignés au Lieutenant-Général commandant, comme susceptibles d'être envoyés dans une compagnie de discipline.

Art. 262. Quand un Capitaine juge qu'un militaire de sa compagnie ou sous ses ordres a mérité cette correction , il en fait le rapport par écrit à son chef de bataillon ou d'escadron, ou de service, en précisant les fautes ou contraventions du prévenu , les punitions qui lui ont été déjà infligées et les récidives qui donnent à sa conduite un caractère de persévérance dangereux pour l'ordre et la police du corps ou de l'établissement militaire.

Art. 263. L'Officier supérieur saisi du rapport, l'adresse , avec son avis, au Lieutenant-Colonel qui l'examine, y met ses notes, et le transmet au Colonel ou au chef de l'établissement.

Art. 264. A la réception de la plainte, le Colonel ou le Commandant fait, auprès du Lieutenant-Général de la division, les diligences nécessaires pour obtenir, sur la communication expresse du rapport, l'autorisation de déférer l'affaire à un Conseil de discipline.

Art. 265. Lorsque pour les causes prévues par l'article 26, un Officier en activité ou en non-activité, sera dans le cas d'être envoyé devant une Commission d'enquête, un rapport spécial avec plainte, s'il en a été formé, sera transmis, par la voie hiérarchique, au Ministre secrétaire d'Etat de la guerre.

Art. 266. La plainte pourra être portée par toute personne qui se prétendra lésée, ou d'office par l'un des Supérieurs de l'Officier qu'elle concernera.

Art. 267. Quel que soit le grade de l'Officier qui recevra l'acte de prévention, il sera tenu de le faire parvenir au Ministre de la guerre selon les formes aussi de la voie hiérarchique.

Art. 268. Aux tems des inspections, et lorsque l'Inspecteur-Général sera sur les lieux, les pièces de poursuites, au lieu d'être transmises au Ministre de la guerre par le Général commandant la division, le seront par l'Inspecteur-Général auquel les chefs de corps ou des services inspectés devront alors les remettre directement.

Art. 269. Le rapport spécial sera fait, savoir :

1° *Pour l'Officier d'un corps de troupe ou d'établissement militaire :*

Par le Commandant du corps, par le Commandant de l'établissement ou l'Officier supérieur que l'un ou l'autre désignera comme son remplaçant.

2° *Pour les Chefs de corps et d'établissemens militaires, les Officiers de la gendarmerie, les Officiers sans troupe et ceux en disponibilité ou en non-activité, jusqu'au grade de Colonel inclusivement :*

Par le Commandant de la brigade d'armée ou de la subdivision territoriale.

3° Pour les membres de l'Intendance militaire, autres que les Intendans, pour les Officiers de santé ou les agens d'administration des services de la guerre :

Par le Chef du service respectif.

4° Pour un Maréchal-de-Camp ou un Intendant militaire :

Par un Lieutenant-Général, à la désignation du Ministre de la guerre.

ART. 270. Les Officiers par l'intermédiaire desquels la plainte ou le rapport spécial seront transmis au Ministre secrétaire d'État de la guerre, les signeront ou viseront sans émettre leur opinion.

ART. 271. Toutes les fois qu'il le jugera nécessaire, le Ministre de la guerre pourra, sans l'accomplissement des formalités hiérarchiques, envoyer d'office un Officier en activité ou en non-activité devant une commission d'enquête, pour l'une des causes spécifiées en l'article 26.

ART. 272. Lorsque le Ministre secrétaire d'État de la guerre enverra un Officier devant une Commission d'enquête, sur rapport spécial ou directement, il adressera au Général commandant la division de l'intérieur ou de l'armée, toutes les pièces propres à éclairer l'avis de la Commission.

ART. 273. S'il s'agit, sur le territoire, d'un Officier ou assimilé, en non-activité depuis trois ans, les pièces devront faire connaître les causes de sa mise en cette position et présenter tous les renseignemens donnés par les autorités civiles et militaires, sur sa conduite et son état physique.

ART. 274. Dans le cas où les diligences porteraient sur un Officier condamné par jugement à un emprisonnement de plus de six mois, une expédition de ce jugement ferait partie essentielle du dossier d'information.

CHAPITRE IV.

Désertion des Drapeaux.

ART. 275. Lorsqu'après incorporation réelle dans un cadre actif de l'armée, il y a absence illégale de son poste, c'est de ce moment que commencent les diligences propres à la *désertion*, comme délit tout militaire.

L'acte destiné à constater ce fait plus ou moins grave selon les circonstances, est dressé par le chef du corps, du détachement de troupes, ou de l'établissement auquel le prévenu appartient.

ART. 276. Tout acte de désertion, soit au-dedans, soit au-dehors, doit énoncer depuis quel appel l'inculpé a disparu, ou depuis quelle époque il aurait dû rejoindre, s'il s'agit d'un militaire annoncé ou en congé, et qui ne se serait pas présenté dans les délais de rigueur. (Modèle n° 14.)

ART. 277. Quel que soit un acte de l'espèce, il y est annexé : 1° un extrait du registre matricule ; 2° un état indicatif des armes et objets emportés par le prévenu ; 3° l'exposé des circonstances qui auront accompagné la désertion.

ART. 278. Si l'inculpé n'appartient à aucun corps ou établissement militaire, l'acte sera dressé par le chef de service sous les ordres duquel il se trouvait placé.

ART. 279. Il y a désertion à l'*intérieur* pour tout soldat ou sous-officier qui s'absente de son corps, poste ou service, sans autorisation, et lorsque rien n'établit qu'il a passé à l'ennemi ou à l'étranger.

Dans ce cas, les poursuites commencent le *sixième* jour après celui de l'absence constatée.

ART. 280. Tout soldat ou sous-officier voyageant isolement d'un corps à un autre, ou dont le congé ou la permission sont expirés, et qui n'est pas arrivé le sixiè-

me jour après celui fixé pour sa présentation ou son retour, est considéré comme *déserteur*, et soumis à toutes
les poursuites de la police judiciaire militaire.

Art. 281. En tems de guerre, les délais fixés pour
donner immédiatement suite à la dénonciation et aux
poursuites de désertion à l'intérieur, sont réduits de
moitié.

Art. 282. Les répressions relatives à la désertion, en
tems de paix et à l'intérieur, ne sont applicables à la
gendarmerie, aux compagnies sédentaires et aux compagnies de gardes-côtes, que dans l'une des circonstances suivantes :

1° Si l'homme appartenant à la gendarmerie ou à une
compagnie de gardes-côtes n'a pas encore accompli le
tems de service militaire auquel il était tenu, soit
comme engagé volontaire, soit comme jeune soldat
d'appel ou remplaçant.

2° S'il a déserté avec des armes, de l'argent ou des
effets appartenant à l'Etat ou à d'autres militaires.

3° S'il a déserté étant de service.

Art. 283. Tout militaire qui aura franchi les limites qui
séparent le territoire français d'un pays neutre ou allié,
ou qui étant avec son corps hors de France, se retirera
en pays neutre ou allié, sera poursuivi comme *déserteur
à l'etranger*, vingt-quatre heures après son absence
constatée.

Art. 284 Il y a désertion à l'ennemi, dès qu'étant en
mouvement de guerre dans un pays en hostilité contre
la France, un Officier, Sous-Officier ou Soldat, abandonne ses drapeaux, passe les avant-postes, et se met
à l'abri de son crime au milieu des ennemis.

Art. 285. Les poursuites de pareilles lâchetés sont du
fait spontané de la clameur des armes nationales et
immédiatement légitimes, dans toutes leurs diligences,
leurs saisies et leurs moyens de répression exemplaire.

Art. 286. Tout militaire qui aura provoqué, conseillé
ou favorisé la désertion, quelle qu'elle ait été, sera
poursuivi comme le déserteur lui-même, pour subir
aussi les peines du même délit.

Art. 287. Quelle que soit une désertion effectuée de concert par plus de *deux* militaires, elle est réputée *complot* et poursuivie dans les vingt-quatre heures, à l'armée ou à l'intérieur, en paix ou en guerre.

Art. 288. Les pièces du reste à l'appui d'une dénonciation de désertion quelconque, devront porter en original ou en copie, le *vu* et *vérifié* du sous-intendant chargé de la surveillance administrative du corps de troupes ou de l'arrondissement dont relèvera la dénonciation ou la plainte.

CHAPITRE V.

Répressions générales militaires.

Art. 289. Les répressions d'espèce générale pour lesquelles les Officiers et les agens de police judiciaire militaire sont appelés plus particulièrement à exercer des poursuites en tous tems, et à faire des recherches selon les circonstances, comprennent ; d'abord, les insultes et menaces, les résistances et les attaques, les voies de fait et les violences ; puis les positions diverses des sentinelles et le maintien des consignes.

Art. 290. Les insultes ou menaces dont un militaire se rend coupable par propos ou gestes contre son supérieur ou son inférieur en grade ou commandement, donnent lieu à des diligences qui précisent les cas où le délit a été commis, et si c'était ou non pendant le service, ou à l'occasion du service, avec ou sans provocation.

Art. 291. Toute attaque ou toute résistance avec violence et voies de fait contre la force armée, contre les officiers ministériels et les agens quelconques des administrations publiques, sont qualifiées, selon leur gravité, comme désordres, fautes, délits ou crimes de rébellion.

Art. 292. Les diligences provoquées à ce sujet, constatent si la rébellion a été commise par moins ou plus de vingt militaires ; s'ils étaient armés ; s'il y a eu voies de fait ; si, au premier avertissement, ils se sont retirés en tout ou partie, et s'il y a eu arrestation flagrante sur le lieu ou hors du lieu de la rébellion.

Art. 293. S'il est reconnu que parmi les coupables, il existait un ou plusieurs chefs ou instigateurs, l'acte de recherches indique les rangs et grades, l'âge et la coopération active de chacun d'eux, avec tous les détails propres à éclairer les poursuites.

Art. 294. Il est fait des actes immédiats de diligences judiciaires contre tout militaire qui exercerait des voies de fait contre son supérieur en grade ou commandement.

L'instruction constate si l'action a eu lieu ou non pendant le service et à son occasion, ou en dehors ; si elle a eu le caractère de préméditation et de guet-à-pens.

Art. 295. Tout militaire qui hors la défense de soi-même et d'autrui, hors du ralliement des fuyards ou de la nécessité d'arrêter le pillage ou la dévastation, frappe son inférieur, un habitant ou un prisonnier de guerre, devient coupable aussi du délit de voie de fait, et les diligences doivent signaler s'il en est résulté, soit des blessures ou l'incapacité de travail ou de service pendant plus de vingt jours, soit un homicide volontaire ou involontaire.

Art. 296. Lorsqu'un militaire sous les armes commet sans ordre ou sans nécessité pour sa consigne, des actes de violence contre des individus quelconques, civils ou militaires, la poursuite constate la nature, les effets du délit, soit à l'intérieur, soit au dehors en campagne.

Art. 297. Il y a lieu à pareilles diligences, toutes les fois qu'un chef militaire préposé à un service d'ordre public, fait usage de ses armes, ou commande à sa troupe do faire usage des siennes, contre les habitans et citoyens, hors les cas où la loi l'aura prévu ou autorisé, et sans l'accomplissement des formes qu'elle prescrit.

L'acte constatant le fait, rapporte s'il y a eu blessures graves et homicide.

ART. 298. Les sentinelles ou védettes sont dans un cas plus ou moins grave de culpabilité et de diligences judiciaires;

1° Lorsqu'elles sont en avant d'une troupe ou d'un poste exposé aux attaques immédiates de l'ennemi, ou lorsque placées sur les remparts d'une place assiégée ou investie, elles abandonnent leur faction, et compromettent ainsi la sûreté de la troupe, du poste, ou de la place ou de la garnison.

2° Lorsque préposées, soit à la garde des parcs d'artillerie, soit aux convois, aux magasins de poudre, de vivres ou de fourrages, elles en compromettent également la sûreté, par abandon de leur faction.

ART. 299. Toutes sentinelles ou védettes qui se laissent relever par d'autres que par leurs sergens, maréchaux-des-logis, caporaux ou brigadiers; toutes sentinelles ou védettes trouvées endormies, sont les unes et les autres sous le coup d'une poursuite qui constate si elles étaient dans des postes plus ou moins près de l'ennemi, ou sur des fortifications de places en paix, en état de siége ou investies.

Chacune de ces circonstances aggrave ou atténue la culpabilité.

ART. 300. Les violences exercées par des militaires contre des sentinelles ou védettes, se distinguent en violences à main armée ou non, par le fait d'une ou de deux ou de plusieurs personnes.

Dans ce cas, les poursuites constatent s'il y a eu concert, intelligence, préméditation et résultats graves contre les hommes ou le service.

ART. 301. En quelque position que ce soit, ou de quelque manière que ce puisse être, tout militaire qui viole une consigne à l'intérieur ou à l'armée, qui méconnaît les réglemens du Roi ou des Généraux en chef, reste sous les répressions les plus immédiates et les plus rigoureuses.

ART. 302. Les recherches expriment formellement si

la consigne et les réglemens avaient pour objet la sûreté d'un poste, d'une place, d'une troupe ou d'une sauve-garde; si c'était près ou en face de l'ennemi; s'il y a eu attaque, lutte et blessures.

Art. 3o3. Parmi les causes les plus immédiates encore d'une action en poursuites judiciaires contre les délits commis parmi les armes, se trouvent les désobéissances, les vols d'intérieur, la vente, la mise en gage des effets du service, les distractions, dégradations et destructions.

Art. 3o4. La désobéissance s'étend à l'absence ou à l'abandon de son poste, au refus de siéger comme juge ou de comparaître comme témoin; à l'évasion de prisonniers, à l'obstacle mis dans l'exécution d'un service ou d'un jugement, ainsi qu'à la suspension de mouvemens de troupes.

Art. 3o5. Quel que soit le fait, la poursuite indique s'il y a eu force majeure ou connivence, complicité, mauvais vouloir et provocation; si c'était devant l'ennemi, à l'appel de la clameur publique ou de la *générale*; s'il y avait ou non cause de maladie ou de service; si l'évasion a été favorisée avec armes et violences; si l'obstacle au service ou au jugement avait une raison valable; enfin si la suspension du mouvement de troupes s'est étendue à des circonstances plus ou moins graves et coupables.

Art. 3o6. En ce qui touche les vols de la part de militaires, comme relevant de leur existence propre sous les drapeaux, on doit distinguer l'enlèvement des effets, des armes, des chevaux, les soustractions de l'argent de l'ordinaire, celles de la solde ou des deniers de poche.

Art. 3o7. Il y a lieu, dans les recherches de pareils délits, à faire connaître positivement, si les effets, armes, chevaux, argent et deniers avaient été fournis par l'État, ou s'ils appartenaient à d'autres militaires, à leur entretien ou à leur service; si les vols ou soustractions ont eu lieu dans les casernes ou dans d'autres bâtimens militaires, ou en route ou aux camps, bivouacs et cantonnemens; si les prévenus étaient ou non conpables de tout ou partie des vols et soustractions, avec ou sans complices.

Art. 308. La vente, la distraction et la mise en gage des effets militaires forment une nouvelle catégorie de poursuites qui s'étendent aussi à l'habillement, à l'équipement, aux armes, aux chevaux, aux harnachemens, aux équipages, ustensiles et munitions quelconques à la disposition des hommes.

Art. 309. Chaque élément de plainte indique si les objets vendus, distraits ou mis en gage, l'ont été en tout ou partie, soit à l'intérieur, soit à l'armée, avec complication de désertion ou d'absence illégale.

Art. 310. Tout militaire qui, volontairement et à dessein de nuire, a mis le feu à des édifices, à des ouvrages militaires, à des magasins, ou autres propriétés à l'usage de l'armée, ou à des matières inflammables placées de manière à communiquer le feu à ces édifices, ouvrages, magasins ou autres propriétés de l'État, commet un délit de nature trop grave pour que les circonstances n'en soient pas rapportées avec la plus rigoureuse exactitude dans les actes de recherches.

Art. 311. Il en est expressément de même envers tout militaire qui, volontairement et à dessein de nuire, a, par l'effet d'une mine, ou de fougasses, ou d'artifices, détruit des édifices ou des ouvrages militaires, des magasins et autres propriétés à l'usage des troupes et de l'armée, dans l'intérieur ou en campagne.

Art. 312. Si les moyens de destruction ou de dégradation ont été de toute autre nature, la poursuite en fait mention avec détail, consigne et décrit soigneusement les procédés, les effets et les pertes.

Art. 313. Les recherches ne sont pas moins actives et sévères, quand les délits de cette espèce se rapportent à l'incendie ou destruction d'une manière quelconque, des registres, minutes ou actes originaux de l'autorité militaire, au bris ou dégradations des armes, des effets d'habillement, d'équipement, de logement ou de campement, à la mise à mort d'un cheval ou de chevaux confiés, et que ces actes ont été commis aussi volontairement et à dessein de nuire.

CHAPITRE VI.

Atteintes d'ordre public.

Art. 314. En dehors du caractère propre des délits du service militaire, se rangent, comme culpabilités d'ordre public, les faux en écriture, l'emploi de faux poids et mesures, les contre-façons de sceaux et cachets, l'usurpation d'uniformes et de décorations, le mariage sans permission supérieure, les interruptions et fraudes en fournitures, les extorsions et les recélemens.

Art. 315. Tout militaire est coupable de faux en matière de service et d'administration, lorsqu'il aura sciemment porté sur des rôles, sur des états de situation ou de revue, un nombre d'hommes, de chevaux ou de journées de présence au-delà de l'effectif réel, ou qu'il aura exagéré le montant des consommations, ou fait un faux exposé dans ses comptes.

La culpabilité prend un caractère plus grave, si le prévenu est administrateur ou comptable militaire.

Art. 316. Il y a délit de même espèce pour tout militaire convaincu d'avoir fait usage dans son service, de faux poids ou de fausses mesures, au détriment de l'Etat ou des militaires, et le cas devient plus grave aussi toutes les fois que la fraude a pu être de nature à nuire à la santé des hommes ou des chevaux.

Art. 317. La contre-façon des sceaux, timbres, cachets ou marques militaires destinés à être apposés, soit sur des actes ou pièces authentiques, relatifs au service militaire, soit sur des effets et marchandises militaires, donne lieu à des poursuites immédiates contre les auteurs, ainsi qu'envers tout militaire qui, dans son service, s'étant procuré les vrais sceaux, timbres, cachets et marques, en aurait fait une application frauduleuse et un usage préjudiciable aux droits et aux intérêts de l'Etat ou des troupes.

Art. 318. Il est interdit expressément aux militaires, quels que soient leurs grades ou positions, de porter dans leur service ou en dehors du service, un uniforme ou des insignes et des décorations qui ne leur appartiendraient pas, en vertu de titres officiels.

Dans ce cas, l'usurpation donne lieu à des poursuites, d'après les circonstances et les suites du délit.

Art. 319. Quand le Ministre de la guerre estime qu'il y a lieu à destitution pour mariage contracté sans permission par un officier ou tout autre fonctionnaire assimilé, la poursuite est dirigée devant le tribunal compétent, en raison du fait et de ses circonstances.

Art. 320. Toutes les fois que des militaires ou des individus, chargés de fournitures d'entreprises ou de régies pour le compte de l'Etat et d'un service quelconque de la guerre, les auront, comme membres de compagnies ou individuellement, fait manquer sans cause de force majeure; lorsqu'aussi la cessation du service proviendra du fait des agens des fournisseurs : les diligences de poursuites constateront la part que les uns et les autres auront eue aux délits, et la responsabilité dont ils sont passibles en peines répressives et en dommages-intérêts.

Art. 321. Quand le service n'a pas manqué, mais qu'il y a eu négligence, que les livraisons et les travaux ont été retardés, qu'il y a eu fraude sur la nature, la qualité ou la quantité des travaux, ou des main-d'œuvres, ou des choses fournies, les prévenus sont l'objet de poursuites en raison de l'importance des torts et dommages causés à l'Etat ou à l'entretien des troupes, selon les tems de paix ou de guerre.

Art. 322. Il y a extorsion : 1° lorsque par force, menace, violence ou contrainte, un militaire ou individu d'assimilation militaire, est parvenu à se procurer la signature ou la remise d'un écrit, d'un acte, d'un titre, d'une pièce quelconque, contenant ou opérant obligation, disposition ou décharge ; 2° lorsqu'il a exercé des désordres de maraude et de pillage, à main armée, isolément ou en troupe.

La recherche et les poursuites font mention des moyens, des lieux, des motifs et des excès commis.

Art. 323. Le recèlement en tout ou partie des choses enlevées, détournées ou obtenues à l'aide de fraudes, manœuvres coupables ou d'extorsion, se poursuit contre tout militaire ou individu attaché à l'armée qui est prévenu de l'avoir fait sciemment.

Il en est ainsi quand il est question d'avoir recélé ou fait recéler des inculpés qu'on savait avoir commis des délits ou crimes emportant des peines afflictives.

Art. 324. Il y a lieu encore à des diligences judiciaires d'ordre public, au milieu des armes et sous les drapeaux, pour connivences et méfaits de militaires et d'agens militaires, pour retenues et prélèvemens illicites, achats de créances, trafics d'effets et de valeurs, réquisitions et détournemens, offres, promesses et séductions, faux témoignages et subornations.

Art. 325. Les connivences s'entendent d'un concours plus ou moins dissimulé de la part de militaires, de fonctionnaires militaires ou d'agens à la suite des corps et des armées, à l'effet d'aider, par manœuvres et partage d'intérêts, à des spéculations, fraudes et délits de nature à porter préjudice à l'Etat, au bien des troupes et aux services de la guerre.

Art. 326. Au nombre des méfaits dont la poursuite doit s'exercer, comme pour les connivences, avec toute la rigueur d'un délit ou d'un crime, plus ou moins grave, se trouve l'action de tout militaire ou agent militaire qui est prévenu d'avoir, soit par des mélanges prohibés ou nuisibles, soit par des substitutions frauduleuses, altéré ou fait altérer la quotité ou la nature des matières ou des denrées confiées à sa garde, ou placées sous sa surveillance, ou d'avoir par fraude, distribué ou fait distribuer des liquides pernicieux, des viandes provenant d'animaux attaqués de maladies contagieuses, ou des matières corrompues et déguisées.

Art. 327. Les retenues et prélèvemens illicites, les trafics d'effets et de valeurs, se rapportent à tout militaire ou fonctionnaire militaire qui, dépositaire des fonds des corps de troupe ou de l'Etat, de leurs valeurs en matières et en espèces, se fait faire des remises, tire un bénéfice de prêts, d'avances, ou tout autre avantage de prévarications, telles qu'achats, en son nom ou celui d'un tiers, des titres de créances qu'il était chargé de payer sans rétribution quelconque.

Art. 328. Sont dans la même classe de poursuites, les substitutions d'effets, de monnaies ou de valeurs effectives, sans autorisation, et en vue d'intérêt personnel ; le trafic d'ordonnances, mandats, arrêtés de dépenses, vérifications ou réglemens de comptes.

Art. 329. Quand il y a eu réquisition, exigence ou réception d'effets, de valeurs, ou de denrées, sans autorisation ou sans nécessité pour le besoin des troupes ou détournement quelconque à leur préjudice ; les prévenus de semblables délits donnent lieu contre eux, quels que soient leurs rangs, grades ou positions, à des recherches et poursuites aussi rigoureuses que les faits ont été plus ou moins coupables en leurs moyens et et leurs résultats.

Art. 330. Les cas d'offres, de promesses, de séductions et de corruptions, s'appliquent, pour les diligences de police judiciaire, à tout militaire, tout fonctionnaire, tout administrateur, tout juge et tout agent appartenant aux cadres de l'armée, qui agrée et reçoit des sommes d'argent, des dons ou présens, pour faire un acte de sa fonction ou de son emploi, même juste, mais non sujet à salaire, ou qui s'abstient, par les mêmes moyens, ou par faveur et partialité, de faire un acte qui entrait dans l'ordre de ses devoirs.

Art. 331. Il y a motif également à des diligences de répression d'ordre public, contre tout officier de santé militaire, prévenu d'avoir, dans ses rapports ou dans les certificats qu'il a délivrés aux militaires sous les armes, ou aux jeunes soldats d'appel, attesté faussement l'existence de maladies ou d'infirmités, ou aggravé les dangers de maladies ou d'infirmités existantes.

Art. 332. Les poursuites sont les mêmes, s'il y a eu dissimulation ou atténuation dans les rapports et certificats pour faire admettre au service un homme incapable, par maladies ou infirmités réelles.

Chaque espèce de recherches ou de poursuites envers

qui que ce soit, indique si le prévenu a , ou non , agi par dons, cadeaux ou promesses.

Art. 333. Tout militaire ou assimilé militaire qui, appelé comme témoin devant un tribunal des ressorts de l'armée, est inculpé de faux témoignage, soit contre l'accusé, soit en sa faveur, encourt des diligences où doivent toujours se distinguer les cas de témoignage en matière correctionnelle ou en matière criminelle.

Art. 334. Les subornations de témoins dont les déclarations ont été frappées de faux témoignage devant un tribunal militaire, entraînent les mêmes poursuites et les mêmes répressions.

A cet égard, il est fait mention expresse des circonstances et des peines que chaque jugement a pu amener contre les prévenus condamnés par suite d'accords et d'intelligences aussi criminelles.

Art. 335. Quiconque, par suite de délits ou crimes d'ordre public, à l'intérieur ou à l'armée, aura corrompu ou tenté de corrompre, par promesses, offres, dons ou présens, un militaire ou fonctionnaire militaire, pour obtenir, soit une relaxation, soit une opinion favorable, soit des procès-verbaux, états, certificats ou estimations contraires à la vérité, soit des places, emplois, adjudications, entreprises, ou autres bénéfices quelconques , soit également des actes de quelque nature coupable qu'ils puissent être; sera poursuivi, dans les mêmes circonstances et les mêmes termes de ces délits ou crimes; que les militaires, fonctionnaires, agens ou préposés, aient, ou non, résisté aux séductions et prévarications.

CHAPITRE VII.

Circonstances capitales.

Art. 336. Les circonstances de poursuites qui prennent le caractère de répressions capitales, ressortent d'excès commis, de pillages en troupes, d'abus d'autorité, d'espionnages, d'embauchages, d'insubordinations, de révoltes et de conjurations, d'empoisonnemens, d'assassinats, de capitulations et de trahisons.

ART. 337. Tout militaire ou autre individu attaché à l'armée ou à sa suite, qui aura dépouillé un blessé militaire ou non, un prisonnier de guerre, un habitant ou tout autre étranger; qui se sera livré à la maraude ou au pillage de denrées, marchandises, effets quelconques, en dehors ou dans les habitations, soit à l'intérieur, soit en campagne, devient coupable de délits d'excès au premier chef, et les poursuites font connaître si ces excès ont été commis, soit en bandes, soit en attaquant les individus, soit en brisant les portes et clôtures extérieures, et s'il y a eu parmi les prévenus des instigateurs.

ART. 338. Il y a toujours abus de pouvoir de la part d'un chef militaire, lorsqu'arbitrairement, ou de son autorité privée, il inflige des peines qui ne peuvent être prononcées que par des tribunaux; la gravité des faits de poursuites prend la gravité des peines illégales, selon qu'elles ont emporté la destitution, la dégradation militaire ou la mort.

ART. 339. C'est encore un abus d'autorité par usurpation capitale, 1° que de prendre ou de retenir le commandement d'un poste, d'une ville, d'une place de guerre, d'une troupe ou d'une armée, sans ordre ou sans motif légitime; 2° que d'avoir prolongé le rassemblement, les attaques ou la défense d'une troupe, d'une place ou d'une armée, après que la cessation des hostilités ou de l'état de siége, après que le licenciement ou la séparation de corps en armes, avaient été ordonnés.

ART. 340. Est coupable d'espionnage et poursuivi comme tel:

1° Tout militaire qui se sera introduit dans une place de guerre, dans un poste, ou établissement militaire, dans les camps, bivouacs et cantonnemens d'une armée, pour s'y procurer des documens et renseignemens dans l'intérêt de l'ennemi;

2° Tout étranger ou ennemi qui se serait introduit déguisé dans les mêmes lieux et par les mêmes motifs ;

3° Tout militaire qui, sans s'être introduit dans une place, ou poste ou établissement militaire, aura, dans l'intérêt de l'ennemi, cherché à obtenir des documens susceptibles de compromettre la sûreté de la place, poste ou établissement ;

4° Tout militaire qui aura recélé ou fait recéler les espions ou soldats ennemis envoyés à la découverte, et qu'il aura connus pour tels.

Art. 341. L'embauchage donne lieu aux mêmes poursuites contre tout militaire, contre tout habitant ou étranger prévenu d'avoir provoqué des militaires ou tous autres justiciables des ressorts de l'armée, à passer à l'ennemi, de leur en avoir sciemment facilité les moyens, de les avoir sans autorisation enrôlés pour un service étranger, ou de les avoir engagés à se réunir à des rebelles.

Art. 342. Dès qu'un militaire a été commandé pour marcher contre l'ennemi, ou pour tout autre service ordonné par son chef, en présence de l'ennemi ; s'il y a refus formel d'obéir, il y a crime d'insubordination.

Art. 343. Seront considérés comme en état de révolte :

1° Les militaires sous les armes qui, réunis au nombre de quatre au moins et agissant de concert, refusent, à la première sommation, d'obéir aux ordres de leurs chefs ;

2° Les militaires au nombre de quatre au moins, qui prennent les armes sans autorisation, et agissent contre les ordres de leurs chefs ;

3° Les militaires qui, réunis au nombre de huit au moins, et se livrant à des excès ou à des violences, refusent de se disperser ou de rentrer dans l'ordre, au commandement d'un supérieur ;

4° Les militaires ou individus qui, dans une position de paix ou de guerre, se concertent, trament des complots, et conspirent contre la sûreté de l'État, de l'armée ou de ses opérations.

Art. 344. Dans tous les cas d'insubordination, de révolte ou de conspiration, les recherches et poursuites feront toujours mention des circonstances ; elles indiqueront s'il y a eu un ou plusieurs instigateurs ; si parmi les coupables, il y en avait avec grades, et quels étaient ces grades.

Art. 345. Les crimes d'empoisonnement et d'assassinat se rapportent plus spécialement aux circonstances de guerre à l'étranger, et sont propres aux habitans en insurrection ; cependant tout militaire au dehors et au dedans qui se trouverait prévenu d'un de ces crimes, serait poursuivi aux mêmes titres pour en subir les répressions capitales.

Art. 346. Il y a empoisonnement du fait des habitans d'un pays en guerre, soit sur les hommes, soit sur les chevaux, toutes les fois que des substances ou des liquides ont été préparés, dans les passages ou les logemens, avec des élémens de mort, et quelles qu'en aient été les suites.

Art. 347. De même, il y a meurtre, assassinat de leur part, toutes les fois que la mort a été donnée à des militaires leurs hôtes ou de passage, ou qu'il y a eu contre eux l'emploi de coups et de tortures, ou des actes quelconques de violence plus ou moins barbares.

Art. 348. En fait de capitulations, les diligences atteignent tout général ou commandant militaire, de quelque grade qu'il soit, à qui a été confié un corps d'armée, une place de guerre, ou qui se trouve avoir sous ses ordres une portion quelconque de troupes pour en être responsable au Roi et à la France.

Art. 349. Attendu qu'il peut y avoir péril pour le salut d'une armée et pour l'intégrité du territoire, ainsi que déshonneur pour les armes nationales, à ne pas se défendre partout à outrance ; tout général ou commandant est répréhensible ou criminel, selon les circonstances, dès qu'il perd son corps de troupes, sa place ou sa position militaire, soit par négligence, incurie, faiblesse ou lâcheté, soit par suite de propositions de l'ennemi et de négociations acceptées sans dernière tentative de résistance extrême.

Art. 350. Il est donc impérieusement interdit à tout général, à tout commandant d'une troupe armée, quel

que soit son grade, de traiter d'aucune capitulation par
écrit ou verbale, avec les ennemis du dehors ou les
chefs des séditions, et des révoltes, dès qu'il est en
rase campagne.

Art. 351. Toute capitulation de l'espèce, dont le
résultat aurait été de faire poser les armes, est déclarée
criminelle et infâmante.

Il en sera ainsi pour tout autre capitulation avec des
troupes au dehors ou à l'intérieur, si le général ou
le commandant n'a pas fait tout ce que lui prescrivaient
le devoir et l'honneur.

Art. 352. Quant à la capitulation dans une place de
guerre assiégée ou bloquée, elle ne peut être permise
que dans les cas suivans :

Si les vivres et munitions sont épuisés, après avoir
été ménagés convenablement ;

Si la garnison a soutenu un assaut à l'enceinte, sans
pouvoir en soutenir un second ;

Si le gouverneur ou commandant a satisfait à toutes
les obligations imposées par le décret impérial du 24
décembre 1811.

Art. 353. Dans tous les cas de capitulation d'une
place de guerre, le Conseil de défense exprimera formellement son avis, par délibération écrite et signée
de tous les membres, avec ou sans réserves.

Le Gouverneur, ou le Commandant, ainsi que les
Officiers, ne pourront, du reste, séparer d'aucune manière leur sort de celui de leurs soldats, et le partage-
ront toujours.

Art. 354. Lorsque les conditions prescrites par les
articles précédens n'auront pas été rigoureusement
remplies, toute capitulation ou perte de place ou de
poste qui s'en suivra, est déclarée déshonorante et criminelle, et poursuivie, ainsi que la capitulation en
rase campagne, avec les dernières rigueurs de recherches et d'informations.

Art. 355. Il y a crime de trahison de la part : 1° de
tout militaire qui sera saisi portant les armes contre la
France ; 2° de tout prisonnier qui, ayant faussé sa parole, sera repris les armes à la main.

Art. 356. Est coupable du même attentat, tout militaire qui, dans l'intention de trahir, ou dans tout autre but criminel :

1° A livré à l'ennemi ou à tout autre, dans l'intérêt de l'ennemi, la troupe qu'il commandait, la place qui lui était confiée, les approvisionnemens de l'armée, les plans des places de guerre et des arsenaux, le mot d'ordre ou le secret d'une opération, d'une expédition ou d'une négociation ;

2° A entretenu avec l'ennemi, de quelque manière que ce soit, des intelligences tendant à favoriser ses entreprises ;

3° A participé à des complots tendant à forcer le commandant d'une troupe ou d'une place à se rendre ou à capituler ;

Et 4° a provoqué à la fuite, ou empêché le ralliement, en présence de l'ennemi.

Art. 357. L'assimilation du crime de trahison est appliquée à tout chef militaire qui, sans provocation, ou sans ordre, ou sans autorisation, aura dirigé ou fait diriger une attaque à main armée contre des troupes ou des sujets quelconques d'une puissance alliée ou neutre.

Le même attentat est imputable à tout chef qui prolonge les hostilités, après avoir reçu l'avis officiel de la paix, d'une trève ou d'un armistice.

Art. 358. Chaque fois qu'il y aura eu lieu à capitulation ou trahison, une ordonnance du Roi en appellera publiquement à des Commissions spéciales d'enquêtes pour reconnaître, d'après les premières recherches, les circonstances des événemens et faire faire toutes les poursuites d'une instruction judiciaire plus solennelle.

Art. 359. Quels que soient les membres des Commissions spéciales d'enquête pour faits de capitulation ou de trahison, ils ne pourront avoir appartenu d'aucune manière aux opérations de campagne ou de siége ; leurs fonctions n'auront d'autre caractère que celui d'une information préalable et plus grave pour aider à déterminer le ressort de compétence et l'action ultérieure de la police judiciaire d'accusation.

TITRE II.

INFORMATION.

CHAPITRE I.

Examens d'avis et d'enquêtes.

Art. 360. Dans l'ordre progressif de la pénalité militaire, les informations qui se rattachent à la discipline intérieure, portent d'abord sur les sous-officiers et soldats susceptibles d'être envoyés aux compagnies de correction.

Art. 361. Aussitôt qu'un Conseil convoqué par le Colonel ou le chef de service, a reçu le rapport de prévention, et consulté le Chef de bataillon ou d'escadron, l'Adjudant-Major et le Capitaine de la compagnie, ou l'Officier de l'établissement militaire auxquels appartient l'inculpé, il les fait retirer pour l'entendre ensuite lui-même séparément dans sa défense, avec liberté pleine et entière.

Art. 362. Une fois que le Conseil se croit bien instruit, et que le sous-officier ou soldat est retiré, il rédige alors son avis motivé, et le remet duement signé au Colonel ou au Commandant de l'établissement militaire qui, de suite, si cet avis confirme le rapport d'accusation, transmet l'un et l'autre au Maréchal-de-Camp de la subdivision territoriale ou de la brigade d'armée, avec son opinion particulière.

Art. 363. L'envoi comprend aussi, dans ce cas, l'avis du Chef de bataillon ou d'escadron, l'état signalétique de service du prévenu et celui de ses punitions. Ces deux états sont en double expédition.

Art. 364. A la réception des pièces, le Maréchal-de-Camp formule lui-même, à part, un avis consciencieux, et transmet le tout au Lieutenant-Général pour avoir sa décision.

En attendant, le sous-officier ou le soldat reste déposé dans la prison de la Place.

Art. 365. Quelles que soient les poursuites et la formation d'une Commission d'Enquête, dans ses trois espèces distinctes, toutes les pièces qui ont donné lieu à sa convocation, seront d'abord envoyées à son Président qui, en les remettant au rapporteur, le chargera de faire connaître au prévenu l'objet de l'information, ainsi que le jour, l'heure et le lieu où il aura à comparaître.

Art. 366. A l'ouverture de la séance, le Président d'une Commission d'Enquête après avoir fait introduire l'Officier ou le fonctionnaire militaire objet de la prévention, donne lecture à la Commission des articles 9, 10, 12, 13, 18 et 27 de la loi du 19 mai 1834, sur l'état des officiers.

Les séances des Commissions d'Enquête ne peuvent avoir lieu qu'à huis-clos.

Art. 367. Si le prévenu ne se présente pas au lieu, jour et heure qui lui ont été notifiés, et s'il ne fait valoir aucun empêchement légitime, il est passé outre, en faisant mention au procès-verbal de cette circonstance.

Art. 368. Le rapporteur donne lecture de l'ordre de convocation et de toutes les pièces transmises par le Ministre de la Guerre ou les Généraux en chef.

Art. 369. Tout Officier ou Fonctionnaire militaire de même assimilation, envoyé devant une Commission d'Enquête en raison de la prolongation de sa non-activité pendant *trois ans*, peut-être visité par des Officiers de santé désignés par le Président.

Dans ce cas le procès-verbal de la séance fait mention de la déclaration des Officiers de santé intervenus.

Art. 370. Quand il y a eu appel d'Officiers de santé ou d'autres personnes devant une Commission pour donner des renseignemens, leurs déclarations sont reçues successivement et séparément, sur parole d'honneur.

Art. 371. L'Officier ou le Fonctionnaire, objet de l'Enquête, et les membres de la Commission, pourront adresser aux comparans les questions qu'ils jugeront convenables, mais par l'organe du Président.

Art. 372. Aussitôt que les personnes appelées devant une Commission auront été entendues, l'inculpé présentera ses observations en toute liberté, qu'elles soient encore présentes ou retirées.

Art. 373. Le Président consultera ensuite les membres de la Commission pour savoir s'ils se trouvent suffisamment éclairés : dans le cas de l'affirmative, il fait retirer le prévenu, dans le cas contraire, l'Enquête est continuée.

Art. 374. Une fois l'information terminée sans plus, et le prévenu retiré, le Président pose séparément, selon les motifs et dans les termes ci-après, les questions suivantes :

POUR CAUSE DE DISCIPLINE.

1° M.   Est-il dans le cas d'être mis à la Réforme, à cause d'inconduite habituelle ?

2° M.   Est-il dans le cas d'être mis en Réforme, à cause de fautes graves dans le service ?

3° M.   Est-il dans le cas d'être mis en Réforme, à cause de faits graves contre la discipline ?

4° M.   Est-il dans le cas d'être mis en Réforme, à cause de fautes graves contre l'honneur ?

POUR CAUSE DE NON-ACTIVITÉ.

M.   En non activité depuis plus de *trois ans*, est-il dans le cas d'être mis en réforme, comme reconnu non susceptible d'être rappelé à l'activité ?

POUR CAUSE DE CONDAMNATION.

M.   Condamné à plus de six mois de prison par jugement du....., est-il dans le cas de la réforme ?

Art. 375. Aucune autre question que celles indiquées en l'article précédent, ne pourra être soumise à une Commission d'Enquête.

Art. 376. Sur chacune des questions proposées à l'examen de leur conscience, les membres iront au scrutin secret, en déposant dans une urne, pour l'affirmative, une boule sur laquelle sera inscrit le mot *oui*, et, pour la négative, une boule sur laquelle sera inscrit le mot *non*.

Art. 377. La majorité formera l'avis définitif de la Commission, et le résultat en sera consigné dans le procès-verbal de la consultation.

Art. 378. Tout procès-verbal constatant l'avis d'une Commission d'Enquête, sera signé par tous les membres et envoyé au Ministre de la Guerre avec toutes les pièces à l'appui, par l'intermédiaire du Général commandant la division de l'intérieur ou de l'armée, et directement par le Président, s'il est Lieutenant-Général ou Maréchal de France. (Modèle n° 15.)

CHAPITRE II.

Saisies d'insoumission.

Art. 379. Lorsqu'un jeune soldat d'appel, ou qu'un engagé volontaire aura été arrêté, ou se sera représenté librement après le délai de rigueur d'un mois, il sera conduit, sous escorte, à la prison militaire du lieu où siége le Tribunal correctionnel permanent de la division dans laquelle l'arrestation ou le retour volontaire auront été constatés.

Art. 380. Le prévenu y sera écroué par l'ordre du Lieutenant-Général commandant, qui en fera donner immédiatement connaissance au Commandant du dépôt de recrutement du département auquel appartient l'insoumis.

Art. 381 Dans ce cas, l'avis est accompagné :

1° Du signalement du détenu et des pièces propres à constater son identité;

2° Du procès-verbal d'arrestation ou de présentation volontaire;

3° D'un extrait du *registre d'écrou* certifié par le Concierge de la prison militaire et visé par le Commandant de la Gendarmerie.

Art. 382. A la réception des pièces, le Commandant du dépôt de recrutement s'assure si elles s'appliquent en effet à l'insoumis, qu'il avait signalé comme *tel*, et dans ce cas, il envoie dans les vingt-quatre heures une plainte au Lieutenant-Général commandant la division où l'inculpé est détenu, afin qu'il y soit jugé conformément à la loi. (Modèle n° 16.)

Art. 383. La plainte du Commandant du dépôt est accompagnée des pièces qui lui avaient été transmises en communication, et de plus, il y joint la plainte primitive de dénonciation du délit d'insoumission, ainsi que les pièces spéciales ayant servi à l'appui, selon l'article 247.

Art. 384. En même tems, le Commandant du dépôt de recrutement enverra aux Autorités qui auront reçu le signalement de l'insoumis (Modèle n° 8), une expédition du même signalement contatant l'arrestation ou la présentation volontaire du prévenu.

Ce signalement portera le n° 17.

Art. 385. Au reçu de la plainte portée contre l'insoumis arrêté, le Lieutenant-Général commandant la division donnera l'ordre immédiat d'informer contre le prévenu, afin qu'il soit jugé le plus tôt possible, par l'un des Tribunaux correctionnels militaires de cette division.

Art. 386. Le Lieutenant-général, après avoir donné l'ordre d'informer, devra veiller ensuite à ce qu'un extrait du jugement intervenu soit immédiatement envoyé au Commandant du dépôt de recrutement pour lui servir à en faire mention, tant sur le registre matricule départemental que sur ses deux contrôles d'insoumission.

Art. 387. Si par suite de ses compulsations, le Commandant d'un dépôt de recrutement ne reconnaissait pas pour être l'insoumis signalé de sa part, celui dont les pièces d'arrestation ou de présentation volontaire lui auraient été adressées; dans ce cas, il en informerait sans délai le Lieutenant-Général de la division d'envoi, afin qu'il put donner les ordres nécessaires pour constater la véritable position du détenu et lui assigner ensuite telle poursuite qu'il appartiendrait.

CHAPITRE III.

Instances correctionnelles et martiales.

Art. 388. Les actes et procès-verbaux rédigés en dehors de la discipline intérieure et de l'insoumission, pour toutes circonstances de préventions correctionnelles ou martiales, soit par les Officiers de police judiciaire militaire, soit par ceux de la police judiciaire ordinaire, sont transmis sans aucun délai, ainsi que les pièces et documens y relatifs, aux Lieutenans-Généraux commandant les divisions de l'intérieur ou des armées.

Art. 389. Si le prévenu est justiciable des Tribunaux ordinaires, le Général commandant transmet les pièces au Procureur du Roi, ou aux Autorités du lieu du délit ; et si l'inculpé est arrêté, il le met à la disposition de ses juges, et en informe le Ministre secrétaire d'Etat de la guerre ou le Général en chef.

Art. 390. La poursuite des délits, crimes et attentats dont la connaissance est déférée aux Tribunaux correctionnels ou aux Cours martiales dans l'état de paix à l'intérieur, ne peut avoir lieu, à peine de nullité, que sur un ordre *d'informer* donné d'office ou d'après les rapports, actes et procès-verbaux des recherches et des diligences faites en tems et lieu.

Dans tous les cas, l'ordre d'informer devra être donné immédiatement, dès qu'une partie privée aura rendu plainte.

Art. 391. Si l'inculpé est Officier-Général, ou supérieur ou d'assimilation analogue par son rang ou ses fonctions, l'ordre d'informer est donné par le Ministre de la guerre, après avoir pris les ordres du Roi.

Dans les autres cas, l'ordre et la faculté qui s'y rattachent sont dévolus au Lieutenant-Général commandant la division où l'instance se poursuit.

Art. 392. Toutes les fois qu'un Lieutenant-Général commandant une division à l'intérieur estimera qu'il n'y a pas lieu d'informer par rapport aux prévenus relevant de sa décision, il en référera au Ministre de la Guerre qui dès lors statue.

Art. 393. En campagne, au dehors, ou dans les divisions de l'intérieur en état de guerre, l'ordre d'informer est donné par le Général en Chef, si l'inculpé est Officier-Général ou supérieur ou assimilé ; et par le Général commandant l'armée ou le corps d'armée, si le prévenu est Officier ou Fonctionnaire d'un autre grade ou rang, ou s'il n'est pas militaire.

Art. 394. L'ordre d'informer sera également donné par le Général en Chef et par les Généraux commandant les corps d'armée, lorsque les inculpés seront justiciables des Prévôtés, des Tribunaux correctionnels ou des Cours martiales de leurs quartiers généraux respectifs.

Art. 395. Tout Général commandant une division de l'intérieur ou de l'armée, aura la faculté propre de donner l'ordre d'informer ;

1° Si le prévenu est sous-officier ou soldat, ou s'il appartient à l'une des classes correspondantes ;

2° Si l'auteur du délit ou crime n'est pas connu.

Art. 396. Lorsqu'il sera établi des juridictions militaires près d'un grand détachement de troupes, l'ordre d'informer sera donné par le Commandant supérieur, tant pour les Officiers que pour les sous-officiers et soldats, ou tous auteurs inconnus de délits militaires.

Art. 397. Le Général commandant en Chef une armée ou corps d'armée, a, dans l'étendue de son commandement, toutes les attributions d'instances et d'informations dévolues au Ministre Secrétaire-d'Etat de la Guerre pour les divisions territoriales en paix à l'intérieur; sauf compte à rendre toutes fois et quantes.

ART. 398. En cas de siége, le Commandant supérieur de la Place a par lui-même les prérogatives attribuées aux Généraux en Chef, au titre aussi d'instances et d'informations éventuelles de sa position, sous la même réserve toutefois d'un compte à rendre en tems et lieu.

ART. 399. De quelque part que procède légitimement un ordre *d'informer*, à l'intérieur, à l'armée, en campagne et dans l'état de siége, il doit être spécial pour chaque affaire et adressé immédiatement à l'Auditeur près la juridiction compétente, avec les rapports, procès-verbaux, pièces, objets saisis et tous autres élémens des recherches et poursuites.

CHAPITRE IV.

Interrogatoires et citations.

ART. 400. L'auditeur saisi des titres d'accusation et de procédure se livre aussitôt à l'interrogatoire du prévenu ou des prévenus, cite les témoins par le ministère des agens de la force publique, et fait tous autres actes d'instruction que l'affaire peut exiger.

ART. 401. S'il le juge nécessaire, l'auditeur pourra décerner contre les inculpés en prévention, soit des mandats de comparaître, soit de mandats d'amener, suivant la nature des délits ou crimes, et suivant la gravité des charges.

Après l'interrogatoire d'un accusé, le mandat de comparution ou d'amener peut être converti en mandat de dépôt.

ART. 402. Les mandats de comparution et d'amener seront adressés par l'auditeur au commandant militaire sur les lieux pour être exécutés par ses ordres.

Tout mandat de dépôt sera mis à exécution sur l'exhibition qui en sera faite aux concierges des prisons.

Art. 403. Chaque fois qu'un Auditeur aura cru devoir décerner des mandats de l'une ou l'autre espèce, il devra, sans délai, en rendre compte à l'Officier-Général qui aura donné l'ordre d'informer.

Art. 404. Tout témoin appelé à déposer par un Auditeur, doit, avant d'être entendu, représenter la citation qui lui aura été donnée, et le procès-verbal fait d'abord mention expresse de cette formalité; ensuite, il prête serment de dire toute la vérité, rien que la vérité; l'Auditeur lui demande son nom, prénoms, âge, état, profession et demeure, et de plus, s'il est domestique, agent, parent, allié des prévenus, et à quelles conditions, ou à quel degré.

Les demandes et les réponses sont alors consignées aussi au procès-verbal.

Art. 405. Les témoins appelés et comparans seront toujours entendus séparément, par l'Auditeur assisté du Greffier, et hors de la présence des inculpés.

Dès que les dépositions d'un témoin ont été reçues, il lui en est donné lecture pour qu'il déclare s'il les reconnaît, et s'il y persiste; dans ce cas, elles sont signées de sa part et de celle de l'Auditeur et du Greffier.

Art. 406. Si quelque témoin entendu ne veut ou ne peut signer ses déclarations, il en est fait mention au cahier d'information dont l'Auditeur et le Greffier signent indépendamment chaque page.

Art. 407. A peine d'amende pour le Greffier et de prise à partie contre l'Auditeur, les formalités prescrites par les deux articles précédens, seront toujours remplies rigoureusement.

En outre, sous les mêmes réserves de recours, il ne pourra y avoir aux cahiers d'information, ni interlignes, ni ratures, ni surcharges, ni renvois, sans être approuvés et signés par l'Auditeur, le Greffier et le témoin.

Les interlignes, ratures, surcharges et renvois non approuvés et signés, seront réputés non avenus.

Art. 408. Quand il y aura lieu, les enfans de l'un et

l'autre sexe, au-dessous de l'âge de quinze ans, pourront être entendus, mais par forme de déclaration et sans prestation de serment.

Art. 409. Toutes les fois que, par le certificat d'un Officier de santé reconnu, il sera constaté que des témoins seront dans l'impossibilité de comparaître sur la citation qui leur aura été donnée, l'Auditeur, assisté du Greffier, se transportera en leur demeure, quand ils habiteront dans le canton de son domicile.

Art. 410. Quand il s'agira d'entendre des témoins valides ou malades, résidant loin du lieu où se fait l'information, l'Auditeur saisi de l'affaire pourra, à l'intérieur, requérir leur audition par commission rogatoire, soit auprès de l'Auditeur, soit auprès du juge d'instruction ou du juge-de-paix des lieux de résidence.

Art. 411. S'il arrive de procéder, hors du lieu où se fait l'information, soit aux recherches prévues par l'article 224, soit à tout autre acte d'instruction, l'Auditeur chargé de l'affaire pourra pareillement adresser des commissions rogatoires aux mêmes fonctionnaires commis pour le suppléer.

Art. 412. A l'armée, en campagne, les Auditeurs de chaque ressort d'information près les Prévôtés, les Tribunaux correctionnels ou les Cours martiales, auront la faculté de s'entre-adresser des commissions rogatoires, ou d'en appeler à l'intervention d'une autorité militaire présente sur les lieux, et ayant titre pour faire des actes de police judiciaire.

Art. 413. Les Fonctionnaires qui auront à l'intérieur, ou hors le territoire, exécuté une commission rogatoire quelconque, enverront leur procès-verbal clos et cacheté à l'Auditeur saisi de l'affaire, et dont ils auront eu délégation à cet effet.

Art. 414. Toute personne citée pour être entendue en témoignage, sera tenue de comparaître ou de produire des excuses légitimes.

A l'armée, en cas de non comparution et de défaut d'excuses, l'Auditeur pourra, que le témoin soit ou ne soit pas militaire, décerner un mandat d'amener.

Art. 415. Si c'est à l'intérieur, il aura la même

faculté par rapport à tout militaire ; mais il devra, pour les témoins non militaires, dresser procès-verbal de leur non comparution et l'adresser au Procureur du Roi de l'arrondissement du domicile, afin qu'il soit fait les poursuites nécessaires pour les contraindre à comparaître.

Art. 416. Quand il y aura lieu, les Auditeurs des juridictions militaires requerront près des Tribunaux ordinaires, contre les témoins civils non comparus à l'intérieur, une condamnation aux peines portées par le Code d'instruction criminelle pour refus d'obtempérer aux citations.

Art. 417. Si des recherches préalables ont eu lieu, si des informations ont été déjà recueillies par des magistrats ou des Officiers de police judiciaire, tant militaires que civils, l'Auditeur chargé de l'affaire pourra se dispenser d'entendre ou de faire entendre les témoins ayant précédemment déposé.

Art. 418. Lorsqu'à l'armée, l'Officier-Général dont sera émané l'ordre d'informer, jugera nécessaire de comprendre dans une audition sommaire, l'audition de tous les témoins, elle aura lieu ; et si même il l'estime indispensable aussi, elle pourra être renvoyée aux débats pour circonstances de destruction, de pillage, de révolte ou de trahison.

Art. 419. Près des Prévôtés d'armée ou dans le cas de siége, l'information pourra être abrégée également ; l'Auditeur aura la faculté de demander à faire renvoyer l'audition de tout témoin aux débats, si besoin est.

Art. 420. Durant le cours d'une instruction, quelle qu'elle soit, le Commissaire du Roi près la juridiction compétente, pourra prendre connaissance, sans déplacement, ni retard, des pièces de la procédure, et lorsqu'elle sera terminée, il y joindra son avis.

CHAPITRE V.

Complicité.

Art. 42'. Quand il résultera de l'instruction que le prévenu ou les prévenus ont des complices, l'Auditeur les fera arrêter sur-le-champ, en se conformant aux articles 401, 402 et 403, si ces complices sont tous justiciables des juridictions militaires.

Art. 422. Dans le cas où parmi eux il s'en trouverait un ou plusieurs non justiciables des ressorts de l'armée, l'Auditeur en rendrait compte sur-le-champ à l'Officier-Général commandant, pour faire renvoyer la cause devant l'autorité compétente.

Art. 423. Seront poursuivis comme complices d'une action qualifiée désordre, faute, délit ou crime, ceux qui par dons, promesses, menaces, abus d'autorité ou de pouvoir, machinations ou artifices coupables, auront provoqué à cette action, ou donné des instructions pour la commettre.

Art. 424. Il y a complicité de la part de tout individu qui aura procuré des armes, des instrumens ou tout autre moyen ayant servi à l'action, tout en sachant qu'ils devaient y servir.

Art. 425. La même prévention s'applique à ceux qui ont, avec connaissance, aidé ou assisté l'auteur ou les auteurs des désordres, fautes, délits ou crimes, dans les faits qui les auront préparés ou facilités, ou dans les suites de leur consommation.

Art. 426. En outre, la complicité s'étend à toute personne qui, connaissant la conduite d'inculpés poursuivis ou mis en accusation pour des faits contre les individus et les propriétés, contre la paix publique ou la sûreté de l'État, leur fournissent néanmoins logement, lieu de retraite ou de réunion.

Art. 427. Conformément à l'article 308, il y a lieu

encore à information pour complicité contre ceux qui sciemment ont recélé, en tout ou partie, des choses enlevées, détournées ou obtenues à l'aide d'un désordre, d'une faute, d'un délit ou crime.

Art. 428. Lorsqu'il y aura complicité entre des individus non justiciables des Tribunaux militaires et des militaires ou individus assimilés aux militaires, l'instruction se poursuivra nonobstant par les Auditeurs et les Officiers de police judiciaire, sauf décision pour réglement de juges compétens.

Art. 429. Toutefois, lorsqu'il y aura complicité entre des individus non justiciables des ressorts de l'armée et des militaires ou individus assimilés aux militaires, tous les prévenus indistinctement seront poursuivis comme appartenant aux juridictions des drapeaux.

1° S'il s'agit de désordres, fautes, délits ou crimes commis en pays ennemi ;

2° S'il s'agit de désordres, fautes, délits ou crimes commis en campagne, en présence de l'ennemi, ou dans un cas d'état de siège.

Art. 430. En cas de complicité entre un militaire et un individu, ou des individus non militaires, ou non assimilés aux militaires, mais justiciables néanmoins d'un ressort de l'armée par leur position en pays ennemi ou par réglement de juges, l'instruction se poursuivra pour être déférée au tribunal dont la composition est prévue par les articles 143 et 145.

Art. 431. L'information aura lieu sans division, lorsqu'il s'agira de complicité entre plusieurs militaires ou individus assimilés aux militaires, non justiciables pourtant d'un tribunal de même composition.

Dans ce cas, l'affaire serait dévolue au Tribunal compétent pour juger le plus élevé en grade ou rang, et à grade ou rang égal, le plus ancien dans l'une ou l'autre position, s'il s'agit d'Officiers ou de Sous-Officiers, ou de Fonctionnaires et d'agens d'assimilations analogues.

Art. 432. Quand par les mêmes circonstances de complicité, il sera question d'instruction contre des soldats ou des assimilés de cette espèce non justiciables aussi d'un même ressort, la poursuite sera dirigée en raison de l'ancienneté de service ou du rang, et en cas de parité, elle le sera en raison de l'âge.

ART. 433. S'il arrive qu'un désordre, qu'une faute, qu'un délit ou crime de la compétence des Tribunaux militaires ou maritimes, ait été commis de complicité par des individus appartenant, les uns, à l'armée de terre, et les autres, à l'armée de mer, l'information distinguera le lieu, la circonstance, et s'instruira contre tous les prévenus, comme étant du ressort d'une juridiction de l'armée de terre, dès que le désordre, la faute, le délit ou crime auront été commis effectivement dans l'arrondissement d'une armée continentale, dans une place en état de siége, ou la circonscription d'une Prévôté d'armée.

ART. 434. Lorsque par suite de l'instruction, les désordres, fautes, délits ou crimes auront été reconnus pour avoir eu lieu sur les vaisseaux et autres bâtimens de l'État, ou dans l'enceinte des ports militaires, des arsenaux et autres établissemens du ministère de la marine ; les instances d'information, quels que soient pour l'armée de terre et pour l'armée de mer, les prévenus de complicité, seront toujours attribuées aux Tribunaux maritimes.

ART. 435. En tous autres lieux à l'intérieur, les complices de l'une ou de l'autre catégorie sont dénoncés et poursuivis comme étant du ressort des juridictions de l'armée de terre, dans tous les cas de culpabilité et de répression.

CHAPITRE VI.

Absens en prévention.

ART. 436. Parmi les prévenus qui ne sont pas sous la main de la justice pour être jugés contradictoirement, on distingue ceux qui sont inculpés d'un désordre, d'une faute ou d'un simple délit , et ceux qui sont accusés de crimes ou d'attentats.

Les premiers doivent être jugés *par défaut ;* les autres, *par contumace.*

Art. 437. Avant de donner l'ordre d'informer contre tout prévenu absent, ayant grade d'Officier ou même rang d'assimilation, le Général commandant, soit à l'intérieur, soit à l'armée, se fera rendre compte de la nature de l'absence, de ses motifs présumés, et prendra les ordres du Ministre de la Guerre ou du Général en chef.

Art. 438. Quelle que soit la direction d'une information autorisée contre des absens, l'Auditeur ou le rapporteur chargé des diligences de la poursuite, les fera citer dans la même forme que les témoins pour être contradictoirement interrogés et entendus.

Art. 439. Dans ce cas, l'acte de citation doit être remis, soit à la personne même de l'inculpé absent, soit à son dernier domicile connu.

A cet effet, toutes les informations sont prises pour que l'acte lui parvienne, et qu'il soit mis en demeure, sciemment, de se présenter et de faire valoir ses moyens de défense.

Art. 440. Il sera laissé un délai de *dix jours* entre la citation et la poursuite, outre un jour par trois myriamètres de distance.

Si le prévenu absent ne se présente pas, il est procédé dès lors à la mise en accusation, selon sa position et les faits ou les charges qui lui sont imputés.

Art. 441. L'information a lieu immédiatement et d'office après l'expiration des délais légitimes, si le prévenu absent est Sous-Officier ou Soldat, ou s'il est d'une classe d'assimilation analogue.

Art. 442. S'il s'agit de la part d'un Officier ou d'un Fonctionnaire et Agent militaire de pareil rang, d'une absence illégale de son corps ou de son poste, l'Auditeur ou le rapporteur chargé des diligences de police judiciaire, devra, avant de poursuivre, rendre compte au Général commandant, et attendre ses ordres.

Art. 443. Quand l'ordre d'informer aura été reçu

pour pareil motif, la citation prescrite à l'égard de tout inculpé absent par les articles 439 et 440, a lieu sous les mêmes conditions et dans les mêmes termes des délais de comparution, quel que soit le grade ou le rang de l'Officier, du Fonctionnaire ou de l'Agent militaire placé dans cette position.

TITRE III.

COMPÉTENCE.

CHAPITRE I.

A l'intérieur, en Paix.

Art. 444. Nul ne sera justiciable d'une juridiction militaire sur le territoire dans l'état de paix, s'il n'appartient à l'armée, en vertu, soit d'un brevet ou d'une commission, soit d'un appel législatif ou d'un engagement volontaire, soit d'un rengagement ou d'un acte de remplacement ou de substitution.

Art. 445. Il y a lieu à traduire devant une des juridictions de l'armée, dans les divisions territoriales en état de paix, tant pour désordres, fautes et délits que pour crimes et attentats quelconques d'espèces militaires :

1° Les Officiers de tous grades, en activité, et les membres du corps de l'Intendance, pendant qu'ils seront employés en vertu d'ordres émanés du département de la guerre ;

2° Les Sous-Officiers et Soldats des troupes de ligne, pendant qu'ils seront portés présens sur les états de revue de leurs corps ;

3° Les Chirurgiens brevetés ou commissionnés et attachés à des corps de troupe, pendant la durée de leur service et de leur présence au drapeau,

4° Les Vétérinaires, les Maîtres-Ouvriers et les Musiciens appartenant à des corps de troupe , pendant qu'ils seront portés présens sur les contrôles et les revues de ces corps ;

Et 5° Les Prisonniers de guerre , pendant qu'ils seront réunis et maintenus en corps ou détachemens , sous le régime commun de la discipline militaire.

Art. 446. Sont également justiciables des juridictions de l'armée , dans les divisions territoriales en état de paix et pour circonstances de culpabilité d'un ressort militaire :

1° Les Militaires de tous grades des corps de la Gendarmerie ;

2° Les Officiers de tous grades et les Sous-Officiers et Soldats inscrits sur les registres de l'hôtel royal des Invalides ou de ses succursales ;

3° Les Engagés volontaires , les jeunes Soldats d'appel ou leurs substitués et leurs remplaçans mis en route et marchant ou non sous la conduite d'un chef , pour se rendre à leur destination ;

Et 4° les Militaires subissant , par suite d'une condamnation judiciaire , des peines qui ne les excluent pas du service.

Art. 447. La compétence de la juridiction militaire s'étend en outre , pour tous faits relevant d'un de ses ressorts dans les divisions territoriales en état de paix :

1° Aux Officiers de tous grades , sans distinction d'armes ni de corps , et aux membres de l'Intendance militaire , les uns et les autres non employés , mais recevant un traitement sous condition de rester à la disposition du Gouvernement ;

2° Aux Militaires de tous grades , sans distinction aussi d'armes ni de corps , qui seraient en congé , en permission ou absens de leurs corps et de leurs postes , sans autorisation ;

3° Aux Médecins , Chirurgiens , Pharmaciens , aux Officiers et Sous-Officiers d'administration qui seraient attachés à des hôpitaux ou autres établissemens militaires ;

4° Aux Gardes de l'Artillerie et du Génie en activité de service , en congé ou permission ;

Et 5° Aux agens et employés quelconques ou chefs d'ateliers et ouvriers engagés par acte ou commission pour les divers services du département de la guerre.

Art. 448. Il n'y aura d'information et de compétence de justice militaire à l'Intérieur dans l'état de paix, que pour le *fait d'insoumission* par rapport aux deux classes de prévenus ci-après :

1.° Engagés volontaires depuis l'instant de leur engagement jusqu'à celui de leur arrivée dans un corps ou dans un établissement militaire ;

2° Jeunes soldats d'appel, ou leurs substituans et leurs remplaçans, depuis l'instant où ils auront reçu leurs lettres de mise en activité jusqu'à celui de leur incorporation effective dans un des cadres de l'armée ou de ses services.

Art. 449. Lorsqu'un militaire, dans l'état de paix à l'Intérieur, sera en même tems prévenu d'un désordre, faute, délit ou crime de la compétence d'une des juridictions de l'armée et d'un autre désordre, faute, délit ou crime de la compétence des Tribunaux ordinaires, il sera traduit devant le ressort auquel appartiendra la connaissance du désordre, faute, délit ou crime emportant la peine la plus forte, sauf, en cas d'acquittement ou de condamnation à une peine moindre que la peine voulue pour l'autre désordre, faute, délit ou crime, à poursuivre son renvoi devant le nouveau ressort compétent.

Art. 450. Dans toute circonstance où deux espèces de désordres, fautes, délits ou crimes relevant simultanément d'un Tribunal militaire et d'un Tribunal ordinaire, emporteraient la même peine, l'inculpé serait d'abord jugé pour le désordre, faute, délit ou crime de la compétence de la justice ordinaire et renvoyé dès lors devant elle.

Art. 451. Dès qu'il y aura mise en accusation d'un individu justiciable des ressorts de l'armée, dans les divisions territoriales en état de paix, il sera traduit, selon le désordre, faute, délit ou crime de compétence militaire, devant le siége dans la juridiction duquel ce désordre, faute, délit ou crime aura été commis.

Art. 452. Lorsqu'un militaire condamné par jugement définitif et contradictoire se sera évadé, s'il vient à être repris, il sera traduit devant le ressort de la division où se trouvera le corps dont il fait partie.

Art. 453. Dans le cas où le militaire évadé et repris n'appartiendrait à aucun corps, il serait traduit devant le Tribunal qui aurait prononcé la condamnation, et si ce Tribunal avait cessé d'exister, il le serait devant le ressort de la division sur le territoire de laquelle son arrestation aurait eu lieu.

CHAPITRE II.

Au dedans et au dehors, en guerre.

Art. 454. L'état de guerre, dans les divisions territoriales, résultera de l'une des circonstances suivantes :

1° D'une ordonnance du Roi qui aura placé la division militaire dans l'arrondissement d'une armée ou corps d'armée ;

2° D'une invasion ou d'une descente effectuée sur le territoire de la division ;

3° De la présence de l'armée ennemie à une distance de moins de trois journées de marche des limites de la division ;

Et 4° d'une sédition ou révolte au sein de la division ou d'une division circonvoisine.

Art. 455. Il y a état de guerre au dehors, dès que conformément à l'article 185, une ordonnance du Roi a constitué en corps d'armée, un rassemblement de troupes, et qu'il a passé la frontière par hostilités déclarées.

Art. 456. Alors sont justiciables des juridictions militaires, dans chacun de leurs ressorts, pour tout désordre, toute faute, tout délit ou crime quelconque :

1° Les officiers de tous grades, sous-officiers et soldats faisant partie de l'armée ou du corps d'armée ;

2° Les membres du corps de l'Intendance militaire qui en font aussi partie, par lettre spéciale de service :

3° Toute personne employée, à quel que titre que ce soit, dans les états-majors, administrations et services qui dépendent de cette armée ou corps d'armée ;

4° Les vivandiers et vivandières, les blanchisseuses des corps, les domestiques et autres individus à la suite des troupes et des quartiers-généraux, en vertu de permissions ;

Et 5° Les prisonniers de guerre et déserteurs étrangers.

Art. 457. Tout individu inculpé d'embauchage, d'espionnage ou de trahison, lorsque l'armée est sur le territoire ennemi, est justiciable des Tribunaux correctionnels ou des Cours martiales, selon les circonstances et les faits de l'accusation.

Art. 458. Si l'armée ou corps d'armée se trouve sur le territoire français en présence de l'ennemi, tout étranger prévenu des mêmes crimes et attentats commis dans l'arrondissement de l'armée ou corps d'armée, est justiciable aussi des mêmes juridictions correctionnelles ou martiales.

Art. 459 Au dedans et au dehors, en guerre, tous militaires du grade de capitaine et au-dessous, ainsi que tous individus des classes correspondantes désignés au tableau de l'article 142, seront traduits devant les ressorts de la division dont ils font partie.

Art. 460. Seront traduits devant les juridictions du Quartier-Général de leur armée ou corps d'armée :

1° Tout militaire du grade au-dessus de Capitaine jusqu'à celui de Lieutenant-Colonel inclusivement, ainsi que tous individus des classes correspondantes, attachés les uns et les autres à ce Quartier-Général ;

2° Les mêmes grades et les mêmes rangs faisant partie des divisions de l'armée ou corps d'armée,

Art. 461. Il y aura lieu de traduire devant les ressorts du grand Quartier-Général de l'armée :

1° Tous individus attachés à ce quartier-général ;

2° Tous militaires et autres individus qui ne feraient partie d'aucune des divisions ou d'aucun des corps d'armée.

Aʀт. 462. Dans tous les cas de guerre à l'intérieur et au dehors, les Maréchaux-de-Camp, les Colonels, ainsi que les individus des classes correspondantes, seront toujours justiciables des juridictions militaires du grand Quartier-Général d'une armée.

Aʀт. 463. Ce sera sous le même principe de *droit* qu'y seront traduits également, en toute circonstance d'état de guerre, les membres du corps de l'intendance militaire, quelque soit d'ailleurs le rang qui puisse leur être assigné dans le classement et l'assimilation des grades.

Aʀт. 464. Tout individu justiciable d'une juridiction d'armée, qui ne sera ni militaire, ni assimilé aux militaires, sera traduit, selon l'information, devant le ressort le plus voisin du lieu où le désordre, faute, délit, crime et attentat aura été commis.

Aʀт. 465. En général, les règles d'information et de compétence pour les armées, en raison de désordres, fautes, délits, crimes ou attentats de leur juridiction, seront observées avec les mêmes rigueurs de poursuites, dans les divisions territoriales de l'intérieur, dès qu'elles seront déclarées légalement en état de guerre.

CHAPITRE III.

Ressort des Prévôtés d'armée.

Aʀт. 466. Les Prévôtés d'armée seront saisies par le renvoi des plaintes et rapports à elles fait, soit en vertu des réglemens, soit d'après les ordres du Général en Chef.

Aʀт. 467. Dans le cas de flagrant délit, les Prévôtés d'armée pourront procéder d'office ou être saisies par le dépôt entre les mains de l'Auditeur, du rapport signé de l'Officier Commandant qui aura fait arrêter le prévenu ou les prévenus.

Aʀт. 468. La compétence des Prévôtés d'armée se borne :

1.° Aux sous-officiers, caporaux, brigadiers et soldats ou tous autres justiciables de mêmes assimilations, étant en route isolément ou se trouvant absens de leurs corps et de leur poste sans autorisation ;

2° Aux vivandiers et vivandières, aux blanchisseuses, aux domestiques et autres individus à la suite des armées, en vertu de permissions expresses ;

3° Aux prisonniers de guerre qui ne seraient pas Officiers ou assimilés aux Officiers ;

Et 4° Aux vagabonds et gens sans aveu, n'ayant ni métier, ni profession, ni placement, ni moyens de subsistance à la suite des troupes.

Art. 469. Aucune Prévôté d'armée, quelle que soit sa juridiction de police, ne peut appeler en jugement, même hors du territoire français, ni les habitans des pays compris dans son arrondissement, ni les voyageurs munis de papiers, ou reconnus par les autorités locales dont ils se feraient réclamer.

Art. 470. Dans le cas où les habitans et voyageurs seraient prévenus de désordres, fautes, délits ou crimes qui les rendraient justiciables des Tribunaux d'armée, ils y seraient traduits selon l'espèce du fait et le ressort du dégré compétent.

Art. 471. S'il n'est pas question de désordres, fautes, délits ou crimes d'espèce proprement militaire, ils seront remis à la justice ordinaire des pays occupés.

Art. 472. Lorsqu'il y aura lieu à quelque poursuite de la compétence d'une Prévôté d'armée, l'information sera sommaire ; l'Auditeur pourra même renvoyer l'audition des témoins aux débats, ainsi qu'il est dit à l'article 419.

Art. 473. Une fois l'information de l'Auditeur terminée, il réquerra le Président de convoquer la Prévôté, et l'accusé sera immédiatement prévenu qu'il a le droit de choisir un défenseur.

Art. 474. Si quelque prévenu traduit devant une Prévôté d'armée n'use pas ou ne veut pas user de la prérogative de choisir lui-même un défenseur, le Président lui en désignera toujours un d'office.

Art. 475. Toutes les règles prescrites pour les formes

et les actes d'une prévention portée devant un Tribunal militaire aux armées en campagne, ou dans les divisions territoriales de l'Intérieur en état de guerre, seront suivies et observées pour l'action judiciaire des Prévôtés, dans toutes leurs positions de constitution temporaire, soit au dedans, soit au dehors du royaume.

Art. 476. Les Prévôtés d'armée seront tenues de statuer d'abord sur leur compétence, l'accusé ou son conseil préalablement entendu.

Les décisions qui interviendront sur la compétence seront insérées dans le jugement d'une manière spéciale et distincte.

CHAPITRE IV.

Juridictions d'état de siége.

Art. 477. Dans une place dont l'état de siége a été duement proclamé, les Tribunaux militaires institués pour cette circonstance, ne pourront être saisis que par le renvoi du Commandant supérieur, après l'avis du Conseil de défense.

Art. 478. Néanmoins l'Auditeur pourra informer d'office; mais il sera tenu d'en référer au Commandant supérieur avant de requérir la mise en jugement.

La décision du Commandant supérieur, soumise au Conseil de défense, sera définitive, sauf toute réserve ou tout recours pour incompétence.

Art. 479. Les juridictions constituées dans les places en état de siége, connaissent des désordres, fautes, délits ou crimes, commis par des individus faisant partie de la garnison, et qui seraient justiciables des mêmes ressorts aux armées et dans les divisions territoriales en état de guerre.

Art. 480. Elles sont en outre compétentes pour connaître de toute circonstance d'embauchage, d'espionnage et de trahison, quelle que soit la qualité des prévenus.

Art. 481. Toutefois quand il s'agira, dans une place en état de siége, d'une information contre de hauts Fonctionnaires de l'ordre civil ou tous autres habitans de haut rang, régnicoles ou étrangers, l'action judiciaire s'arrêtera sans plus à une détention préventive, avec toutes les sûretés requises.

Art. 482. Il n'y a lieu, dans une place en état de siége, à passer outre sur toute réserve de compétence, que dans les cas de sédition, de révolte ou de flagrant délit pouvant compromettre la défense.

Art. 483. Quand il y aura eu, sur l'avis du Conseil de défense d'une place en état de siége, détention préventive de sûreté contre la personne de quelque grand prévenu, soit sur le territoire, soit au dehors, l'extradition en sera faite immédiatement après la levée de l'état de siége, pour remise au Tribunal de l'armée ou de l'intérieur, à qui, de ce moment, la compétence appartiendra, selon sa composition légale.

Art. 484. Dans le cas où la garnison d'une place investie ou en état de siége, tant sur le territoire qu'au dehors, ne pourrait suffire, pour certains grades ou rangs, à composer une juridiction militaire compétente, sans descendre à des juges au-dessous du grade ou du rang de l'accusé, il serait sursis à toute mise en jugement jusqu'à l'instant d'une institution régulière et légitime.

Art. 485. A cet égard, si l'état de siége venait à cesser avant la formation légale d'un Tribunal compétent, les prévenus en détention de sûreté seraient, comme tous ceux des procédures en cours d'instances, remis aussitôt aux juridictions nouvelles de l'intérieur ou de l'armée, qui se constitureraient selon les grades et les rangs jusque là tenus en attente ou en suspension de jugement.

Art. 486. Dans une place en état de siége, le Commandant supérieur jouit, par suite de l'article 398, des attributions déléguées au Général en Chef d'une armée, en tout ce qui se rattache aux formalités de procédure devant les Tribunaux temporaires de la place.

CHAPITRE V.

Mise en accusation.

Art. 487. Dès que l'instruction d'une affaire est terminée, l'Auditeur en fait son rapport, et après y avoir joint l'avis du Commissaire du Roi, il l'adresse avec toutes les pièces de la procédure, cotées et paraphées, à l'Officier Général Commandant qui aura donné l'ordre d'informer.

Art. 488. Tout Officier-Général de qui sera émané un ordre d'informer, aura le droit de statuer sur la mise en jugement.

Lorsqu'il estimera qu'il n'y a pas lieu, toute instance sera suspendue, et il en référera au Ministre secrétaire d'Etat de la guerre ou au Général en Chef, selon sa position de commandement à l'intérieur ou à l'armée.

Art. 489. Si l'ordre d'informer est venu du Ministre de la Guerre, les pièces de la poursuite lui sont adressées par l'intermédiaire de l'autorité militaire commandant, à laquelle, après avoir pris les ordres du Roi, il les renvoie, s'il est décidé qu'il y a lieu à mise en jugement.

Art. 490. De quelque part que procède un refus de mettre en accusation, il ne peut en aucun cas préjudicier à l'action civile que la partie lésée voudrait exercer aux termes de l'article 82.

Art. 491. Lorsque l'Officier-Général Commandant ou le Ministre de la Guerre auront décidé qu'il y a lieu à mise en jugement, la décision sera transmise au Commissaire du Roi avec toutes les pièces de la procédure.

Cette décision spécifiera le désordre, la faute, le délit, crime ou attentat pour lesquels l'accusé est mis en jugement, et le Tribunal qui devra en connaître.

Art. 492. A la suite de la décision notifiée, le Commissaire du Roi ajoutera :

1° Les noms, prénoms, qualités et signalemens des prévenus ;

2° Une exposition sommaire des faits qui, d'après

l'information, caractérisent le désordre, la faute, le délit, crime ou attentat et leurs conséquences ;

3° Le texte de la loi qui qualifie l'un ou l'autre chef d'accusation, et détermine la peine qui doit y être appliquée, selon son *maximum*.

ART. 493. Il sera fait en copie notification du tout aux accusés présens ou absens, avec l'avertissement qu'ils aient à se choisir des défenseurs, faute de quoi, il leur en sera nommé d'office par le Président du ressort devant lequel ils auront à comparaître.

Ces notifications devront toujours être faites officiellement, à peine de nullité de tout ce qui s'en suivra.

ART. 494. A peine encore de nullité, le Commissaire du Roi près d'une juridiction militaire à l'intérieur, ou dans une place en état de siége, ou à l'armée en campagne, ne pourra lui déférer aucunes accusations autres que celles qui auront été l'objet d'un ordre de mise en jugement émané d'un Général Commandant ou du Ministre de la Guerre.

CHAPITRE VI.

Formes et actes juridiques.

ART. 495. En toutes circonstances de désordres, fautes, délits, crimes ou attentats du ressort d'une juridiction militaire, les formes des recherches et poursuites dirigées contre les prévenus, seront toujours soumises à l'action de la police judiciaire, la plus attentive et la plus légale.

ART 496. Il en sera de même pour la rédaction des actes, leur libellé, leurs détails, leurs dates, et leur caractère propre, selon les cas des diligences et des répressions.

ART. 497. Les Auditeurs ou tout autre Officier de police judiciaire, les suppléant de droit, se saisiront des armes et de tout ce qui paraîtra avoir servi ou avoir été destiné à commettre le désordre, la faute, le délit, crime ou attentat, ainsi que de tout ce qui semblera en avoir été le produit ; enfin , de tout ce qui pourra servir à la manifestation de la vérité.

Art. 498. On interpellera les prévenus de s'expliquer sur les choses saisies qui leur seront représentées, et il sera dressé du tout, chaque fois, un procès-verbal que signeront les inculpés , ou pour lors, mention y sera faite de leur refus et de ses motifs.

Art. 499. Si la nature des désordres , fautes, délits, crimes ou attentats est telle que la preuve puisse vraisemblablement être acquise par les papiers ou autres pièces et effets en la possession des prévenus à leur domicile , les Auditeurs ou les Officiers de police judiciaire compétens , s'y transporteront de suite pour faire la perquisition des objets qu'ils jugeront utiles à l'information ; et dans le cas où, parmi ces objets, il s'en trouverait d'espèce à servir de *conviction* ou de *décharge*, le procès-verbal de saisie en ferait mention expresse, sous l'un ou l'autre rapport.

Art. 500. Tous objets saisis sont clos et cachetés , si faire se peut ; ou s'ils ne sont pas susceptibles de recevoir des caractères d'écriture , ils seront mis dans un vase ou dans un sac , sur lequel l'Auditeur ou l'Officier de police judiciaire le suppléant , attachera une bande de papier qu'il scellera d'un cachet décrit au procès-verbal.

Art. 501. Les opérations prescrites par les articles précédens seront toujours faites en présence des prévenus, s'ils ont été arrêtés, ou en présence d'un fondé de pouvoirs à leur nomination , s'ils ne veulent ou ne peuvent y assister.

Art. 502. Tous objets saisis et présentés aux justiciables ou à leurs porteurs de pouvoirs , seront reconnus et paraphés par eux , s'il y a lieu ; et en cas de refus , le procès-verbal de poursuites en fera mention , comme pour toute autre circonstance.

Art. 503. Lorsqu'à l'intérieur, l'autorité militaire, hors le cas de flagrant délit, aura à constater une répression de la compétence des ressorts de l'armée, dans un établissement civil, ou à y faire arrêter un de ses justiciables; elle adressera à l'autorité judiciaire ordinaire, ses réquisitions tendant, soit à se faire faciliter l'entrée de cet établissement, soit à assurer l'arrestation de l'inculpé.

Art. 504. Néanmoins, dans toute place en état de siége, et partout hors le territoire, en campagne ou dans toute division même du royaume déclarée en état de guerre, il sera passé outre à ces formalités, sauf à exprimer formellement la situation de ces cas exceptionnels, dans les procès-verbaux de recherches et de poursuites.

Art. 505. Toute autorité judiciaire ordinaire, à l'intérieur, sera tenue de déférer immédiatement aux réquisitions qu'elle recevrait à pareil égard, et dans le cas de conflit, de s'assurer de la personne de l'inculpé dénoncé près d'elle, afin qu'il puisse être représenté, après arrêt sur réglement de juges.

Art. 506. Les mêmes règles seront observées par l'autorité civile et l'autorité militaire, sur le territoire, dans l'état de paix ou de guerre, lorsqu'il y aura lieu, soit de constater un désordre, faute, délit ou crime de la compétence *des Tribunaux ordinaires* dans un établissement ou sur un terrain militaire, soit d'y arrêter un individu justiciable de ces mêmes Tribunaux.

Art. 507. A l'intérieur, quand l'arrestation d'un prévenu ou la saisie des pièces de conviction, obligera les Officiers de police judiciaire militaire à pénétrer dans une habitation particulière, ils ne pourront s'y introduire qu'assistés, soit du juge de paix ou de son suppléant, soit du maire ou de son adjoint, soit du Commissaire de police : lesquels seront tenus de déférer sur-le-champ à l'appel qui leur sera fait et de concourir à la rédaction des procès-verbaux qu'ils signeront eux-mêmes aussi.

Art. 508. Dans toute position de l'espèce, à l'armée ou dans une place en état de siége, l'autorité militaire compétente n'a plus à remplir de semblables formalités; les procès-verbaux de chaque opération rapportent seulement, avec précision, les circonstances et les détails des poursuites.

Art. 509. Lorsqu'un Officier de police judiciaire militaire se trouvera éloigné du lieu où les désordres, fautes, délits, crimes et attentats ont été commis, à l'intérieur, les opérations prescrites pour son action de recherches et d'informations, seront faites par le juge d'instruction du tribunal de première instance de l'arrondissement ; ou, si c'est à l'armée, en campagne, les diligences, quelles qu'elles soient, se feront selon les ordres des Officiers-Généraux supérieurs commandant.

Art. 510. A défaut d'Officiers de police judiciaire militaire, présens sur les lieux, dans toutes positions d'état de paix sur le territoire, les Officiers de police judiciaire ordinaire seront aptes à rechercher et constater tous les cas de répressions soumis à la juridiction de l'armée dans tous ses ressorts.

Art. 511. Quel que soit un procès-verbal de recherches et de poursuites pour des désordres, fautes, délits, crimes ou attentats commis de la part de militaires ou d'individus justiciables de la juridiction des armes, soit à l'intérieur, soit dans une place en état de siége, soit en campagne à l'armée, chaque feuillet sera signé par l'Officier de police judiciaire militaire ou civile, intervenu, et par les personnes présentes aux actes de l'instruction, comme inculpées, témoins ou à tous autres titres.

Art. 512. Afin que les poursuites et leurs actes de diligences aient constamment ou le plus communément possible, le même caractère officiel, le Ministre secrétaire d'Etat de la guerre en déterminera des modèles explicites pour être suivis en toute circonstance, sous le rapport de la rédaction principale et des formalités les plus essentielles se rattachant au ministère de la police judiciaire et à l'action d'une procédure irréprochable, en tous tems et en tous lieux, pour l'armée.

Art. 513. En principe absolu, toute action de diligences et de poursuites de justice militaire, toute procédure d'information, toutes éventualités de compétence et toute rédaction d'actes judiciaires applicables aux ressorts de l'armée, restent placées sous la sauvegarde de la loi et de l'honneur national.

LIVRE II.

MODÈLE N° **8.** — ARTICLE DU CODE, **238.**
Voir : Journal Militaire, 2ᵉ semestre 1832 , page 387.

MODÈLE N° **9.** — ARTICLE DU CODE, **241.**
Voir : Journal militaire, 2ᵉ semestre 1832 , page 389.

MODÈLE N° **10.** — ARTICLE DU CODE, **247.**
Voir : Journal militaire. 2ᵉ semestre 1832 , page 390.

MODÈLE N° **11.** — ARTICLE DU CODE, **249.**
Voir : Journal Militaire, 2ᵉ semestre 1832 , pages 392 et 393.

MODÈLE N° **12.** — ARTICLE DU CODE, **249.**
Voir : Journal Militaire, 2ᵉ semestre 1832 , pages 394 et 395.

MODÈLE N° **13.** — ARTICLE DU CODE, **252.**
Voir : Journal Militaire, 2ᵉ semestre 1832 , page 396.

MODÈLE N° **14.** — ARTICLE DU CODE, **276.**
Voir : Journal Militaire, 1ᵉʳ semestre 1816 , page 279.

MODÈLE N° **15.** — ARTICLE DU CODE, **378.**
Voir : Journal Militaire, 2ᵉ semestre 1836 , page 358.

MODÈLE N° **16.** — ARTICLE DU CODE, **382.**
Voir : Journal Militaire, 2ᵉ semestre 1832 , page 397.

MODÈLE N° **17.** — ARTICLE DU CODE, **384.**
Voir : Journal Militaire, 2ᵉ semestre 1832 , page 388.

CODE
de
JUSTICE MILITAIRE.

LIVRE III.
Du Jugement.

TITRE I.
CONSTITUTION DU RESSORT.

CHAPITRE I.
Convocation.

Art. 514. Les Conseils de discipline sont convoqués et institués de droit par les Colonels des corps et les Chefs des établissemens militaires du même grade, dès qu'ils ont reçu le rapport et les plaintes motivant la proposition de l'envoi aux compagnies de correction.

Art. 515. Dans un bataillon ou escadron détaché, et dans un établissement militaire commandé par un Officier d'un grade autre que celui de Colonel, la convocation d'un Conseil de discipline appartient au Maréchal-de-camp commandant la subdivision territoriale ou la brigade d'armée.

Art. 516. La convocation d'une Commission d'enquête ne peut avoir lieu que d'après les ordres des autorités suivantes :

1° Par le Ministre de la guerre ou le Général en Chef d'une armée,

Pour les Officiers supérieurs, Chefs de corps, les Colonels, les Intendans militaires et les Maréchaux-de-Camp ;

2° Par le Lieutenant-Général commandant la division à l'intérieur ou à l'armée,

Pour tous autres Officiers ou Fonctionnaires militaires au-dessous de ces grades et rangs, selon leurs assimilations.

Art. 517. Toutes les fois qu'il y aura convocation de l'une ou de l'autre espèce, elle se fera :

Dans le premier cas, d'après la proposition d'un Inspecteur-Général d'armes ou celle du Lieutenant-Général commandant la division ;

Dans le second cas, sur la demande du Colonel ou de tout autre Officier Commandant, ou de tout Chef de service.

Art. 518. Les propositions et les demandes de convocation d'une Commission d'enquête sont toujours accompagnées des rapports et autres documens qui les ont motivées.

Art. 519. Tout Officier-Général Commandant qui a le droit de convoquer un Conseil de discipline ou une Commission d'enquête, peut, à moins d'ordres du Ministre de la guerre, ne les appeler à siéger qu'autant qu'un examen approfondi lui a fait connaître, comme insuffisans, les moyens de la discipline ordinaire.

Art. 520. Lorsqu'un Officier-Général Commandant ou le Ministre de la guerre, a décidé qu'il y a lieu à mise en accusation devant un Tribunal correctionnel militaire ou une Cour martiale, reconnus pour juridictions compétentes, temporaires ou permanentes, l'ordre est donné immédiatement de convoquer le ressort à qui le jugement sera déféré.

Cet ordre indique en même tems, le lieu, le jour et l'heure de la réunion, et l'avis en est transmis au Président, ainsi qu'au Rapporteur ou Commissaire du Roi.

Art. 521. Il ne peut y avoir, entre l'ordre de convocation et celui de la réunion, un intervalle moindre de trois jours

S'il s'agit de juger un fait de sédition ou de révolte, cet intervalle peut être réduit à quarante-huit heures.

Art. 522. Dès que l'ordre aura été donné par le Lieutenant-Général ou le Ministre de la guerre, le Chef d'Etat-Major expédiera, sans délai, les avis ou les lettres d'appel au Président et aux Juges du ressort permanent ou temporaire.

Ces avis ou ces lettres seront adressés aux Commandans des corps dont le Président et les Juges font partie, ou aux Chefs sous les ordres desquels ils sont immédiatement placés.

Art. 523. Quand il s'agira d'une Commission d'enquête contre un Officier ou tout Fonctionnaire de même assimilation, le Général donnera l'ordre en même tems au prévenu d'avoir à se rendre à la Commission, aux lieu, jour et heure indiqués, et de plus, il lui fera connaître le nom du Rapporteur. (Modèle n° 18.)

Art. 524. Toute lettre ou avis de convocation rappellera, indépendamment de l'objet de l'instance :

1° Les dispositions de la loi relatives aux causes d'empêchement légitime, et au mode d'en justifier ;

2° Les causes légales de récusation, spécifiées aux articles 215, 216, 217, 218 ;

3° Les peines encourues par les membres d'une juridiction qui ne se rendraient pas à leur poste, et ne justifieraient pas suffisamment, ou à tems, des causes de leurs empêchemens ou de leur récusation.

Art. 525. Les Commandans des corps ou les Chefs de service qui auront reçu les lettres ou avis de convocation, adresseront, sous le plus bref délai, au Chef d'Etat-Major, le reçu de chaque membre de la juridiction appelée à siéger, et rendront compte en même tems des absences et des excuses, s'il y en a.

Art. 526. Aussitôt que les reçus et les pièces relatives aux causes d'absence et aux motifs d'excuses, seront parvenus au Chef d'Etat-Major, il les transmettra sur-le-champ au Président du ressort convoqué.

Art. 527. S'il est justifié qu'un juge appelé par l'ordre du tableau est dans l'impossibilité de siéger, le Chef d'Etat-Major, après avoir pris les ordres du Lieutenant-Général Commandant, fera les dispositions convenables pour le remplacement.

Art. 528. Lorsque l'inculpé cité à comparaître sera Intendant militaire ou Maréchal-de-Camp, le Ministre de la guerre ou le Général en chef rempliront eux-mêmes les formalités prescrites pour les convocations de ressorts et de juges.

Art. 529 Cette disposition de haute convenance aura lieu aussi, de leur part, lorsqu'il s'agira, selon l'article 84, d'appeler, par rapport à des prisonniers de guerre ou à des habitans de pays ennemis, un Commissaire de leur nation pour assister aux opérations judiciaires militaires qui devront les atteindre.

CHAPITRE II.

Empêchemens.

———

Art. 530. Dans tous cas d'absence ou d'empêchement constatés, les membres absens ou empêchés sont remplacés, d'après les articles 192, 193, par des Officiers ou Fonctionnaires militaires du même grade ou rang, et à défaut, par des Officiers ou Fonctionnaires militaires du grade ou du rang immédiatement inférieur, mais sans que les membres subsidiairement désignés puissent être ni moins anciens, ni de grades ou rangs moins élevés que le prévenu, objet de l'accusation.

Art. 531. Si à raison de l'ancienneté de grade, le remplacement ne pouvait avoir lieu, il y serait pourvu par désignation de membres du grade ou rang immédiatement supérieur à celui des membres absens ou empêchés.

Art. 532. Lorsque dans un régiment ou dans une

division, il n'existera pas d'Officiers ou de Fonctionnaires militaires réunissant les conditions voulues pour faire partie d'une juridiction convoquée, il en sera déféré au Ministre de la guerre ou au Général en chef qui prendront alors les mesures nécessaires pour la compléter en membres compétens.

Art. 533. Parmi les cas d'empêchement constatés pour n'être pas appelé à faire partie d'une Commission d'enquête, ou de tout autre ressort de justice militaire, les Lieutenans-Généraux auront la faculté d'apprécier, dans de justes limites, la position de ceux des Officiers ou Fonctionnaires militaires qui, exerçant des emplois de destinations spéciales, ne pourraient, en cas de déplacement, qu'être difficilement suppléés, attendu que les besoins du service doivent toujours rester assurés, *avant tout*.

Art. 534. Il peut y avoir lieu à faire usage de cette faculté par rapport : 1° Aux Généraux commandant les subdivisions territoriales ou les brigades d'armée ; 2° aux Sous-Intendans militaires, aux Commandans des dépôts de recrutement ou de remontes ; 3° aux Officiers de la Gendarmerie, aux Chefs de corps ou des services et aux Commandans de place ; 4° aux Officiers comptables des troupes et des hôpitaux, aux Officiers professeurs des Écoles militaires et aux Officiers de santé.

Art. 535. Toutes les fois alors que par leur tour de rôle, quelques Officiers ou Fonctionnaires militaires seront appelés à faire partie d'une des juridictions de l'armée, hors du département ou de la brigade où ils sont employés, le Lieutenant-Général examinera si le service peut être compromis par leur absence, et dans le cas d'une évidence positive, il les considérerait comme en état d'empêchement réel et légitime, en suppléant dès lors à leur remplacement, dans l'ordre immédiat des tours d'appel.

Art. 536 Quand il s'agira de réunion de Commissions d'enquête, tout Lieutenant-Général pourra, à l'effet de prévenir les causes trop fréquentes de remplacemens à titre des besoins du service, les convoquer hors du chef-lieu de la division, et en subordonner même les siéges, soit en tout autre lieu plus à proximité , soit même au lieu de la résidence de l'inculpé , si la nature des faits de l'enquête paraissent l'exiger.

Hors cette exception , tout siége d'un Tribunal militaire ne peut être changé que par ordonnance du Roi, conformément aux articles 20, 21, 22.

Art. 537. Du reste, quels que soient les motifs qui auront amené un remplacement, soit dans une Commission d'enquête de division, soit dans toute autre juridiction de l'armée, pour un ou plusieurs Officiers et Fonctionnaires militaires appelés à en faire partie dans l'ordre des tours d'ancienneté, les Lieutenans-Généraux devront en rendre compte au Ministre de la guerre ou au Général en chef, en exposant les causes et la marche de ces opérations judiciaires éventuelles.

CHAPITRE III.

Préliminaire d'audition.

Art. 538. Dans les vingt-quatre heures qui suivront l'ordre de convocation d'un ressort de justice militaire, le Président interpellera l'accusé de déclarer le choix qu'il aura fait d'un conseil pour l'aider dans sa défense ; si non , il lui en indiquera un sur-le-champ, et l'avertira en outre qu'il a le droit de faire prendre copie des pièces de la procédure.

Art. 539. L'exécution de l'article précédent sera constatée par un procès-verbal signé du Président, du Greffier et de l'Accusé.

Si l'accusé ne sait ou ne veut signer, il en sera fait mention au procès-verbal.

Les dispositions du présent article seront, ainsi que celles du précédent, exécutées formellement à peine de nullité de tout ce qui suivra.

Art. 540. Quel que soit l'accusé, il aura la faculté de prendre son défenseur, soit parmi les militaires de la division, soit parmi les avocats et avoués résidant sur les lieux.

Toute autre désignation lui est interdite, à moins qu'il n'ait obtenu du Président la permission de choisir hors de ces conditions et de ces limites expresses.

Art. 541. La veille du jour fixé pour la réunion du Tribunal militaire compétent, le Commissaire du Roi notifiera aux accusés, sous peine de nullité, la liste des Juges et copie des dispositions des articles 215, 216, 217, 218, relatifs aux récusations.

Art. 542. A la même époque et dans le même délai, la liste des témoins que se propose de faire entendre le Commissaire du Roi, sera notifiée aussi aux accusés, sous les mêmes conditions de légalité.

Art. 543. Aussitôt après l'accomplissement des formalités du remplacement des Juges empêchés ou absens, conformément aux articles 530, 531, 532, le conseil d'un accusé pourra communiquer avec lui et se faire donner en communication, mais sans déplacement, ou se faire remettre, aux frais de son client, copie de tout ou partie des pièces de la procédure, sans néanmoins que la réunion du ressort convoqué puisse en être retardée en aucune manière.

CHAPITRE IV.

Installation.

Art. 544. Au lieu, au jour et à l'heure fixés pour la convocation, la juridiction militaire appelée à connaître des faits de la procédure, se réunira pour faire acte d'abord de sa composition.

Art. 545. Dans le cas de jugement en instance contre des habitans ou des prisonniers de guerre de pays ennemis, le Magistrat ou le Commissaire de leur nation, duement convoqué, sera présent à l'installation, ou s'il y a défaut de sa part, il sera constaté.

Art. 546. Lorsqu'il y aura eu, avant la réunion d'un ressort convoqué, remplacement d'un ou de plusieurs Juges de la part du Chef d'Etat-Major, pour motifs d'empêchement, le Tribunal, en séance, devra préliminairement statuer sur la validité des remplacemens opérés.

En cas de non validité reconnue, il se complétera en appelant des Juges suivant l'ordre des contrôles ou des tableaux mentionnés aux chapitres II des titres II et III du livre Ier.

Art. 547. S'il y a absence de la part de Juges convoqués et reconnus en leurs mandats valides, le Tribunal suivra, pour leur remplacement, les régles rappelées dans l'article précédent, sauf à statuer, en même-tems, sur les motifs d'absence ou les excuses.

Art. 548. Avant l'ouverture de la séance, il y aura toujours lieu à prononcer expressément sur les motifs et les excuses qui seraient proposés par un juge présent ou absent, ou qui résulteraient à son égard de toute situation exceptionnelle.

Art. 549. Tout motif et toute excuse ne seront admissibles néanmoins que pour les positions suivantes :

1° Dans le cas de maladie ou de force majeure, légalement constaté ;

2° Dans le cas de congé ou de semestre ;

3° Dans le cas d'empêchemens graves de service, déférés formellement au Ministre de la guerre ou au Général en chef ;

4° Dans le cas de mission donnée ou de service commandé par le Ministre de la guerre ou le Général en chef, ou d'après leurs ordres ;

Et 5° Dans le cas où il existerait des causes légales de récusation.

Art. 550. Le cas de congé ou de semestre, celui de mission donnée ou de service commandé par le Ministre de la guerre, par un Général en chef, ou d'après leurs ordres, ne seront admis toutefois qu'autant que les Officiers ou Fonctionnaires militaires se seraient déjà éloignés avant que les lettres ou avis de convocation leur fussent parvenus, soit à domicile, soit par les Chefs du corps ou du service dont ils font partie, soit par l'Officier-Général sous lequel ils étaient placés.

Art. 551. Pour les cas de maladie, les certificats seront délivrés par les Chirurgiens-Majors des corps de troupe auxquels les Officiers appartiendront, ou par le Médecin ou Chirurgien attaché à l'Etat-Major de la division ou de l'armée, ou à défaut, dans l'Intérieur, par le Médecin ou Chirurgien en chef de l'hôpital militaire ou de l'hospice civile de la résidence.

Art. 552. Les excuses seront jugées à la majorité des voix, et dans le cas de partage, le Président aura voix prépondérante.

Art. 553. Si l'excuse proposée par un Juge est rejetée, ce Juge, s'il est présent, sera tenu de siéger ; qu'elle soit au contraire admise, il sera remplacé conformément aux formalités voulues par les articles 530, 531, 532.

Art. 554. Lorsque l'excuse proposée par un Juge absent est rejetée, la décision qui le concerne, prononce la peine portée par la loi, et elle se poursuit dans son application, par le Commissaire du Roi, sauf opposition.

CHAPITRE V.

Récusations.

Art. 555. Le Président d'une juridiction militaire convoquée donnera lecture des articles 215, 216, 217 et 218, relatifs aux récusations, et chacun des membres sera tenu d'affirmer qu'il ne connaît en sa personne, aucune cause de récusation.

Cette formalité et l'affirmation auront leur effet d'exécution positive, à peine de nullité.

Art. 556. Avant l'ouverture de la séance, le Président devra mettre à l'examen la question préalable de la compétence de la juridiction assemblée et faire con-

signer au procès-verbal l'acte d'une délibération formelle à cet égard.

Art. 557. Si quelque motif d'incompétence était reconnu et consacré par une décision expresse, il y aurait
lieu à suspension d'action judiciaire jusqu'à plus ample
informé de réglement définitif de Juges

Art. 558. Lorsqu'une juridiction se sera déclarée bien
saisie, le Président, avant l'ouverture aussi de la séance.
fera introduire l'accusé et son défenseur, et demandera
au premier s'il a des causes de récusation à énoncer
contre les membres présens, en l'avertissant qu'il ne
peut en émettre d'autres que celles autorisées par rapport aux Juges eux-mêmes et dont il lui est donné dès
lors lecture avec la même solennité.

Art. 559. Après cette interpellation et cette lecture
faites à haute voix, le Président avertira en outre le
prévenu que les récusations énoncées de sa part seront
les seules qu'il pourra faire valoir devant la Consulte
de Révision, en cas d'appel.

Art. 560. Toutes les fois qu'un accusé comparant
énoncera des causes de récusation, il lui en sera donné
acte par le Greffier de la juridiction, au nom du Tribunal.

Art. 561. Si les causes énoncées par l'accusé contre
un des membres, sont affirmées véritables par ce membre, il est de suite pourvu à son remplacement, selon
les dispositions prescrites aux chapitres II des titres II
et III du livre I.

Art. 262. Lorsqu'au contraire le membre récusé dé-
nie les causes énoncées par l'inculpé, ou n'en présente
pas d'office, il est passé outre, sauf l'affirmation exigée
et obtenue conformément à l'article 555.

Art. 563. Quant à l'affirmation, l'accusé ne pourra
la contester devant la juridiction de son désordre, de sa
faute, délit ou crime ; mais en cas d'appel, après jugement, il aura le droit de représenter à la Consulte de
Révision les causes de ses récusations quelconques, en
vertu de l'acte qui lui en aura été donné.

CHAPITRE VI.

Police d'audience.

Art. 564. Les séances des Conseils de discipline et celles des Commissions d'enquête auront lieu dans l'intérieur des corps de troupes ou des établissemens du département de la guerre, sans autres communications qu'avec les inculpés et leurs défenseurs, sauf l'appel des témoins à charge et décharge.

Art. 565. Quelle que soit la composition d'une Prévôté d'armée ou d'un Tribunal militaire correctionnel ou d'une Cour martiale, à l'intérieur, en paix et en guerre, au dehors en campagne, ou dans l'état de siége, les audiences de chacune de ces juridictions seront publiques.

Art. 566. Toutes les fois néanmoins que la publicité pourrait être dangereuse pour l'ordre et les mœurs, le Tribunal siégeant se conformerait à l'article 55 de la Charte constitutionnelle.

Art. 567. Le Président de toute juridiction militaire assemblée et siégeant, exercera exclusivement la police de l'audience, et pourra requérir à cet effet la force publique.

Art. 568. En tous tems et en tous lieux, les assistans seront sans armes d'aucune espèce; ils se tiendront découverts, dans le respect et le silence.

Art. 569. Lorsqu'un ou plusieurs des assistans donneront des signes publics d'approbation ou d'improbation, ou exciteront du trouble de quelque manière que ce soit, le Président prononcera, et fera exécuter leur expulsion.

Art. 570. Si les perturbateurs résistaient à l'ordre donné à leur égard, et s'ils étaient militaires ou dans une position de guerre, au dedans ou au dehors, ou d'état de siége, le Président commanderait à la force publique de les arrêter, de les conduire à la prison militaire ou civile et de les y détenir pendant vingt-quatre heures.

Art. 571. Il sera fait, dans le procès-verbal de la séance, mention de l'ordre du Président, et sur l'exhibition de cet ordre, le concierge ou gardien devra recevoir et écrouer les condamnés soumis à la répression.

Art. 572. Dans le cas où les auteurs du trouble ne seraient pas militaires ou dans une position à les rendre justiciables d'un ressort de l'armée, le Président, après avoir prononcé la condamnation, les enverra, avec un extrait du procès-verbal constatant le fait et la répression méritée, à l'autorité judiciaire ordinaire du lieu, laquelle sera tenue d'en assurer immédiatement l'exécution.

Art. 573. Les dispositions suivantes seront observées si un assistant commet dans le lieu des séances, un désordre, une faute, un délit ou crime justiciable d'un ressort militaire :

1° Si l'assistant est militaire ou assimilé aux militaires, et si à raison du fait et de son grade ou de son rang, il est justiciable du Tribunal même en séance, le Président le fera saisir et le soumettra au jugement immédiat de la juridiction assemblée.

2° Si l'assistant est militaire ou assimilé aux militaires, mais si, à raison des faits et de son grade ou rang, il est justiciable de tout autre ressort de l'armée, le Président, après avoir dressé procès-verbal de ces faits et de leurs circonstances, ainsi que des dires des témoins, et après l'avoir signé, renverra l'inculpé, avec le procès-verbal, devant l'Officier-Général commandant, afin d'accusation et de jugement ultérieurs par une juridiction compétente.

Art. 574. Lorsque dans les mêmes répressions de désordres, fautes, délits ou crimes, commis en séance au milieu d'un ressort de l'armée, l'assistant inculpé ne sera pas militaire ou assimilé aux militaires par une position d'état de guerre ou de siège, sur le territoire ou au dehors ; il sera renvoyé, avec le procès-verbal à charge, devant le Tribunal d'ordre civil ordinaire à qui la compétence appartiendra.

Art. 575. S'il s'agissait du Magistrat ou du Commissaire étranger convoqué comme témoin discrétionnaire, selon les articles 84, 85 et 529, il serait dénoncé au Général en chef qui, sur l'acte du trouble, le ferait saisir et remettre immédiatement aux avant-postes, avec publication à l'ordre du jour.

TITRE II.

ACCUSATIONS ET SENTENCES.

CHAPITRE I.

Comparution.

Art. 576. Avant toute exposition de procédure et d'accusation, le Greffier de la juridiction en séance, déposera sur le bureau un exemplaire de la présente loi, ainsi que du Code d'instruction criminelle et du Code pénal ordinaires.

Art. 577. Le Président fera amener devant le Tribunal l'accusé ou les accusés, lesquels comparaîtront sous garde suffisante, mais libres et sans fers, et dans une *tenue convenable.*

Il leur demandera leurs noms, prénoms, âges, professions, demeures et lieux de naissance : si quelques-uns refusent de répondre, il sera passé outre.

Art. 578. Après cette première information, le Tribunal procédera à la reconnaissance de l'identité, selon les signalemens et les rapports joints au dossier des poursuites et de la procédure.

S'il y a doute et débat, le Président donne l'ordre de faire retirer l'accusé ou les accusés non reconnus, et rend compte de l'incident au Lieutenant-Général commandant.

Art. 579. Dans le cas d'affirmation d'identité, la

séance dès lors est ouverte, et le Président, en déclarant que la juridiction est définitivement constituée et saisie, lit à haute voix, en présence des prévenus, de leurs conseils et des assistans, le serment à prêter par les juges, conformément et dans la teneur prescrite aux articles 207, 208, 209, 210 et 211.

Cette formalité sera remplie individuellement à l'appel successif du Président, sous peine de nullité.

ART. 580. Le Président fera conaître ensuite aux prévenus le désordre, la faute, le délit, crime ou attentat pour lesquels ils sont traduits devant le ressort ; il les avertira que la loi leur donne le droit de dire tout ce qui sera utile à leur défense, et il avertira au même moment leurs conseils ou défenseurs qu'ils ne peuvent rien dire contre leur conscience ou contre le respect qui est dû aux lois et à leurs organes, et qu'ils doivent s'exprimer *de plus* avec décence et modération.

ART. 581. De ce moment, si un accusé ou plusieurs accusés ont des moyens d'incompétence à faire valoir, il devront les proposer, soit par eux-mêmes, soit par leurs défenseurs.

Cette exception sera jugée sur-le-champ par le Tribunal.

ART. 582. Si l'exception préjudicielle est rejetée, et si elle porte sur l'un des moyens prévus par l'article 76, le Président avertira l'accusé ou les accusés qu'ils ont jusques y compris la journée du lendemain pour se pourvoir en cassation, et qu'ils doivent le faire par acte au Greffe.

ART. 583. Lorsque l'exception d'incompétence élevée par un ou plusieurs accusés ne provient pas de l'une des causes spécifiées à l'article 76, le Président les avertit qu'ils pourront se pourvoir en annulation contre la décision qui vient d'être rendue, en même tems et dans le même délai que contre le jugement définitif.

ART. 584. Quel que soit le principe de l'une ou l'autre exception invoquée par des prévenus comparans, il sera passé outre aux débats et au jugement, jusqu'à l'éxécution qui restera seule suspendue.

ART. 585. Toutes les questions d'incompétence de la

part d'accusés seront jugées immédiatement à la majorité des voix ; et dans le cas de partage, celle du Président sera toujours prépondérante.

CHAPITRE II.

Ouverture des débats.

Art. 586. Le Président d'une juridiction militaire, quelle qu'elle soit, est investi d'un pouvoir discrétionnaire pour la direction des débats et la découverte de la vérité.

Art. 587. En conséquence, il pourra, dans le cours des débats, quels qu'ils soient aussi, appeler même par mandat de comparution et d'amener, toute personne, ou se faire apporter toute pièce nouvelle qui lui paraîtrait, d'après les nouveaux développemens donnés à l'audience, soit par les accusés, soit par les témoins, pouvoir répandre un jour utile sur le fait ou les faits contestés.

Art. 588. Chaque fois qu'il le jugera convenable, le Président pourra demander à l'accusé et aux témoins tous les éclaircissemens qu'il croirait nécessaires à la manifestation des faits et des circonstances en débat.

Art. 589. Les juges et le commissaire du Roi jouiront de la même faculté, en demandant la parole au Président.

S'il y a partie civile, elle ne pourra faire de questions, soit aux témoins, soit aux accusés, que par l'organe du Président, dans le cas où il trouverait les question convenables.

Art. 590. Dès que le Président aura déclaré les débats ouverts, le Commisssaire du Roi exposera le sujet de l'accusation.

Immédiatement après, le Greffier lira la liste des témoins dont les noms, professions et résidences auront été notifiés à l'accusé, selon l'article 542.

Art. 591. L'accusé et le Commissaire du Roi pourront en conséquence s'opposer mutuellement à l'audition d'un témoin qui n'aurait pas été indiqué, ou qui n'aurait pas été clairement désigné dans l'acte de notification, sans préjudice néanmoins de la faculté accordée au Président par l'article 587.

De suite, le Tribunal statuera sur les oppositions de cette espèce.

Art. 592. Pendant l'examen, les Juges et le Commissaire du Roi pourront prendre note de ce qui leur paraîtra important, soit dans les dépositions des témoins, soit dans la défense de l'accusé, pourvu que la discussion n'en soit pas interrompue.

Art. 593. Dans le cours des débats ou des dépositions, le Président fera représenter à l'accusé toutes les pièces relatives aux désordres, fautes, délits, crimes ou attentats en jugement, et pouvant servir à conviction; il l'interpellera de répondre personnellement s'il les reconnaît.

Le Président pourra les faire aussi représenter aux témoins, s'il y a lieu.

Art. 594. Quand il arrivera que l'accusé, les témoins, ou l'un d'eux, ne parleront pas la même langue, ou le même idiôme, le Président nommera d'office, à peine de nullité, un interprète âgé de vingt-un ans au moins, et lui fera, sous la même peine, prêter serment de traduire fidèlement les discours à transmettre entre ceux qui parlent des langues différentes.

Art. 595. L'accusé et le Commissaire du Roi pourront récuser l'interprète, en motivant leur récusation.

Alors le Tribunal prononce.

Art. 496. Quelle que soit la désignation d'un interprète, il ne pourra, même du consentement de l'accusé ou du Commissaire du Roi, être pris parmi les témoins et les juges, à peine de nullité.

Art. 597. Si l'accusé ou quelques témoins sont sourds-muets, et ne savent pas écrire, le Président nommera d'office, comme interprète, la personne qui aura le plus d'habitude de converser avec eux.

Art. 598. Dans le cas ou le sourd-muet saurait écrire,

le Greffier écrira les questions et observations qui lui seront faites; elles seront alors remises à l'accusé ou au témoin qui donneront par écrit aussi leurs réponses ou déclarations.

Il sera toujours fait lecture du tout par le Greffier.

Art. 599. Le Président sera constamment libre de régler les débats et de déterminer celui des prévenus qui devra être soumis le premier à la discussion, en commençant toutefois par le principal accusé, s'il y en a un.

Art. 600. Avant, pendant et après l'audition des témoins, le Président pourra aussi faire retirer un ou plusieurs inculpés, pour examiner séparément quelques circonstances de l'accusation; mais il aura soin de ne reprendre la suite des débats généraux qu'après avoir instruit chaque prévenu de ce qui se sera fait en son absence, et de ce qui en sera résulté.

Art. 601. L'examen et les débats seront continués sans interruption, et le Président ne pourra les suspendre que pendant les intervalles nécessaires pour le repos des juges, des témoins et des accusés.

Art. 602. Il y aura lieu encore à suspendre les débats, si un témoin, dont la déposition est essentielle, ne s'est pas présenté, ou si, sa déclaration ayant paru fausse, le Président a ordonné son arrestation, ou lorsqu'un fait important reste à éclaircir.

Art. 603. Alors le Président devra, dans ses occurrences, consulter le Tribunal qui prononcera à la majorité des voix.

Dans le cas où une suspension prononcée durerait plus de vingt-quatre heures, les débats seraient recommencés en entier.

CHAPITRE III.

Dépositions.

Art. 604. Une fois que les témoins cités à comparaître auront fait acte de présence, le Président leur ordon-

nera de se retirer dans la chambre qui leur sera destinée, et d'où ils ne sortiront que pour déposer.

Art. 605. Il sera pris par le Président toutes précautions, s'il est besoin, pour empêcher les témoins de
conférer entre eux du fait de l'accusation et de la personne de l'inculpé, avant leur déposition.

Art. 606. Les témoins déposeront séparément l'un de
l'autre, dans l'ordre établi par le Commissaire du Roi.

Avant de déposer, ils prêteront, à peine de nullité,
le serment de parler sans haine et sans crainte, de dire
toute la vérité et rien que la vérité.

Art. 607. Toutefois, les témoins appelés par suite du
pouvoir discrétionnaire du Président, ne seront point
tenus à la formalité du serment, attendu que leurs
déclarations ne seront considérées que comme renseignemens.

Art. 608. Au fur et à mesure de l'appel d'un témoin,
le Président, après la formalité du serment, requis ou
non, lui demandera son nom, ses prénoms, son âge,
profession, domicile ou résidence ; s'il connaissait l'accusé avant le fait mentionné dans l'acte d'accusation ;
s'il est parent ou allié, soit du prévenu, soit de la
partie civile, et à quel degré : il lui demandera encore
s'il n'est pas attaché au service de l'un ou de l'autre.

Cela fait, avec réponses catégoriques, en présence
de l'accusé, les témoins déposeront oralement.

Art. 609. Le Président fera tenir note par le Greffier,
des additions, changemens ou variations qui pourraient
exister entre les dépositions d'un témoin et ses précé-
dentes déclarations ; nonobstant le Commissaire du
Roi et l'accusé auront toujours eux-mêmes la faculté de
requérir toute mention à cet égard, dans l'intérêt de
l'accusation ou de la défense.

Art. 610. Après chaque déposition, le Président demandera au témoin si c'est de l'accusé présent qu'il a
voulu parler ; il demandera ensuite à l'accusé, s'il veut
répondre à ce qui vient d'être dit contre lui.

Art. 611. Tout témoin déposant ne pourra être inter-
rompu : l'accusé ou son conseil pourront le question-
ner par l'organe du Président, après la déposition ache-

vée, et dire, tant contre lui que contre son témoignage, tout ce qui pourra être utile à la défense.

Art. 612. Chaque témoin, après sa déposition, restera dans l'auditoire, si le Président n'en ordonne autrement, jusqu'à ce que le Tribunal se soit retiré pour prononcer son arrêt.

Art. 613. Après l'audition des témoins produits par le Commissaire du Roi et par la *partie civile*, s'il y en a une, l'accusé fera entendre ceux dont il aura notifié la liste, soit sur les faits mentionnés dans l'acte d'accusation, soit pour attester qu'il est homme d'honneur, de probité et d'une conduite irréprochable.

Art. 614. Les citations faites à la requête des accusés seront à leurs frais, ainsi que les salaires des témoins cités, s'ils en requièrent; sauf au Commissaire du Roi à faire citer à sa requête ceux des témoins qui lui seraient indiqués par les prévenus, dans le cas où il jugerait que leur déclaration pourrait être utile pour la découverte plus positive de la vérité.

Art. 615. Il n'y aura point lieu à recevoir de dépositions pour ou contre l'accusé ou l'un des accusés présens et soumis au même débat :

1° De la part du père, de la mère, des aïeux paternel et maternel, ou de tout autre ascendant ;

2° De la part des fils, filles, petits-fils, petites-filles, ou de tout autre descendant ;

3° De la part des frères et sœurs ;

4° De la part des alliés au même degré ;

5° De la part du mari ou de la femme, *même après le divorce prononcé;*

6° De la part des dénonciateurs dont la dénonciation est récompensée pécuniairement par la loi.

Art. 616. Néaumoins, l'audition des personnes désignées dans l'article précédent ne pourra opérer une nullité, dès que, ni le Commissaire du Roi, ni la partie civile, ni les accusés, ne se seront pas opposés à ce qu'elles soient entendues.

Art. 617. Les dénonciateurs autres que ceux récompensés pécuniairement par la loi, pourront être admis en témoignage ; mais le Tribunal sera averti préalablement de leur qualité de dénonciateurs.

Art. 618. Quels que soient les témoins produits par le Commissaire du Roi ou les accusés, ils seront entendus dans le débat, même lorsqu'ils n'auraient pas préablement déposé par écrit, ou lorsqu'ils n'auraient reçu aucune assignation, pourvu, dans tous les cas, que ces témoins aient été portés sur la liste mentionnée dans l'article 542.

Art. 619. Les témoins, pour quelque partie qu'ils soient produits, ne pourront jamais s'interpeller entre eux.

Art. 620. Après la déposition des témoins, l'accusé pourra demander que ceux qu'il désignera se retirent de l'auditoire, et qu'un ou plusieurs d'entre eux soient introduits et entendus de nouveau, soit séparément, soit en présence les uns des autres.

Art. 621. Si après l'accusation et la défense, la déposition d'un témoin paraît fausse, le Président, comme il est dit à l'article 602, pourra, sur la réquisition, soit du Commissaire du Roi, soit de l'accusé, soit d'office, faire mettre sur-le-champ le témoin en état d'arrestation.

Art. 622. Dans le cas où le témoin repris de faux, serait justiciable d'un ressort de l'armée, le Président, ou l'un des juges désigné par lui, remplirait à son égard les fonctions de juge d'instruction, et cette instruction terminée, elle serait envoyée au Lieutenant-Général commandant et compétent qui, s'il y avait lieu, donnerait l'ordre de mise en jugement.

Art. 623. Quand le témoin ne sera pas justiciable d'un Tribunal militaire, le Président, après avoir fait dresser procès-verbal de la fausse déclaration, et avoir fait arrêter l'inculpé, s'il le juge convenable, le renverra avec le procès-verbal d'accusation, devant le Procureur du Roi du siége ordinaire le plus voisin.

CHAPITRE IV.

Délibérations.

Art. 624. Après les dépositions des témoins et l'interrogatoire des accusés, le Commissaire du Roi sera entendu, et fera ses réquisitions, tant sur la qualification du fait que sur la peine à appliquer.

Tout accusé et son conseil seront entendus aussi dans leurs moyens de défense.

Art. 625. La réplique sera permise au Commissaire du Roi ; mais le prévenu, son conseil et son défenseur, auront toujours la parole les derniers.

Art. 626. Quand les accusés et les défenseurs auront, *sans plus*, cessé de parler, le Président demandera à chaque inculpé, personnellement, s'il n'a rien enfin à ajouter pour sa défense, et dans le cas d'une affirmation telle de la part de tous, il déclarera que les débats sont terminés.

Art. 627. Alors, le Président fera sortir l'accusé ou les accusés, et les juges se rendront dans la Chambre du Conseil, ou, si les localités ne le permettent pas, le Président fera retirer l'auditoire.

Art. 628. Une fois entrés en délibération, les juges ne pourront plus communiquer avec personne, ni se séparer avant que le jugement ait été rendu.

Ils auront sous les yeux les pièces de la procédure autres que les dépositions écrites des témoins ; ils opineront dans l'ordre inverse du grade et de l'ancienneté de grade ou de rang.

Art. 629. Les questions seront posées par le Président, dans l'ordre suivant : 1° Les questions relatives au fait principal ; 2° Les questions relatives aux circonstances atténuantes ; 3° Les questions relatives aux circonstances aggravantes, et 4° Les questions relatives aux circonstances qui peuvent rendre le fait excusable selon la loi.

Art. 63o. Nulles questions, autres que celles relatives aux empêchemens et excuses, et à la compétence, ne pourront être décidées contre un accusé, et aucune condamnation ne pourra être prononcée qu'à la majorité de *cinq* voix contre *deux*.

Les jugemens des Prévôtés d'armée seront seuls rendus à la majorité simple des voix, ainsi que les avis des Commissions d'enquête et des conseils de discipline.

Art. 631. Toute tentative de désordre, faute, délit, crime ou attentat qui aura été manifestée par des actes extérieurs et suivie d'un commencement d'exécution, est considérée comme le désordre, la faute, le délit, le crime ou l'attentat même, si elle n'a été suspendue ou n'a manqué son effet que par des circonstances fortuites ou indépendantes de la volonté des prévenus.

Art. 632. Les tentatives de désordres, fautes, délits, crimes et attentats ne seront toutefois considérées comme les désordres, fautes, délits, crimes et attentats réels, que dans les cas déterminés par une disposition spéciale d'une loi à l'intérieur ou d'un réglement militaire à l'armée.

Art. 633. La préméditation consiste dans le dessein formé, avant l'action, d'attenter à la personne d'un individu déterminé, ou même de celui qui sera trouvé ou rencontré, quand même ce dessein serait dépendant de quelque circonstance ou de quelque condition.

Art. 634. Il y a guet-apens à attendre plus ou moins de tems, dans un ou divers lieux, un individu, soit pour lui donner la mort, soit pour exercer sur lui des actes de violence.

Art. 635. Quels qu'ils soient, les complices d'un désordre, faute, délit, crime ou attentat justiciables d'un ressort militaire, seront punis de la même peine que les auteurs, sauf les cas où la loi en aurait disposé autrement.

Art. 636. Nul désordre, faute, délit, crime ou attentat ne peut être excusé, ni la peine mitigée, que dans les cas et les circonstances où la loi déclare le fait excusable, ou permet de lui appliquer une peine moins rigoureuse.

Art. 637. Lorsque dans les cas prévus par la loi, les juridictions de l'armée auront eu égard aux circonstances atténuantes pour la fixation de la peine, il en sera fait mention dans les jugemens.

Art. 638. Par suite des débats qui auront précédé la délibération de pénalité, quand un prévenu aura été inculpé, soit par des pièces, soit par des dépositions de témoins, sur d'autres faits que ceux pour lesquels il avait été mis en jugement ; si les faits nouvellement découverts sont susceptibles de l'application d'une peine plus forte que celle qui pourrait être prononcée, le Tribunal décidera d'office, ou sur la réquisition du Commissaire du Roi, qu'il en sera référé à l'autorité militaire qui aura donné l'ordre de mise en jugement.

Art. 639. Si dans un semblable cas, il y a eu condamnation à raison du fait qui avait donné lieu à l'accusation, il sera sursis à l'exécution de la sentence jusqu'à ce qu'il ait été statué sur le second procès.

Art. 640. En pareille occurence, qu'il y ait à prononcer acquittement ou absolution, le Tribunal ordonnera que l'inculpé demeure en état d'arrestation jusqu'à ce qu'il ait été prononcé aussi sur les nouvelles poursuites dont il devra être l'objet, en raison des faits découverts dans la première procédure.

Art. 641. Quelle qu'ait été la cause d'une information ou d'une délibération exceptionnelle à *huis-clos*, dès qu'il y aura lieu à statuer sur une peine et son application, le jugement sera toujours prononcé publiquement.

CHAPITRE V.

Pénalité applicable.

Art. 642. Une fois les délibérations de la Chambre du Conseil complètement éclairées, le Tribunal passera sans plus à l'application de l'acquittement ou de la condamnation.

Art. 643. Si l'inculpé est déclaré coupable, le Tribunal opinera sur l'affectation des peines relevant de son ressort.

Il délibérera d'abord sur l'espèce de la peine qui sera applicable au désordre, à la faute, au délit, crime ou attentat ayant amené l'accusation.

Si la peine est susceptible de gradation, le Tribunal déterminera le degré qui devra être appliqué.

Art. 644. A cet effet, le Président mettra d'abord aux voix le *minimum* de la peine ; si ce minimum est rejeté, il proposera successivement chacun des degrés intermédiaires, en commençant par le moins élevé jusqu'au *maximum* qui sera prononcé si les degrés inférieurs n'ont pas été adoptés.

Art. 645. Pour mettre chaque ressort à portée de consulter les peines dont il aura spécialement à faire l'application dans sa juridiction propre, les tableaux joints à la présente loi sous les n°° 19, 20, 21 et 22 lui seront présentés avec leurs combinaisons fixes et rigoureuses, par degrés de peines du *minimum* au *maximum*, par chaque espèce de désordre, faute, délit, crime ou attentat de compétence.

Art. 646. Dès qu'une juridiction militaire aura prononcé celle des peines de son ressort qui lui aura paru, en son ame et conscience, applicable au fait mis en jugement devant elle, l'indication des articles de la loi mis à exécution, sera rapportée et consignée dans la formule de la délibération.

Art. 647. En cas de conviction de plusieurs délits ou crimes de même compétence, la peine la plus forte sera seule prononcée, avec délibération toutefois sur ses degrés intermédiaires du *minimum* au *maximum*.

Art. 648. Les dispositions suivantes seront observées dans l'application des peines à prononcer :

1° Si un condamné est Sous-Officier ou Soldat, ou d'assimilation analogue, la destitution sera remplacée par la peine du boulet ;

2° Si le condamné est Officier ou d'assimilation pareille, la peine des travaux publics sera remplacée par l'emprisonnement et celle du boulet par la destitution.

Art. 649. Dans les cas où les ressorts de l'armée sont autorisés à appliquer à des militaires, les dispositions du Code pénal ordinaire, la peine de l'amende prononcée par ce Code sera remplacée par *l'emprisonnement*, et celle de l'interdiction à tems de tout ou partie des droits civils, par la *réclusion*.

Art. 650. Toute condamnation prononcée contre un Officier ou Fonctionnaire de même assimilation, par quelque juridiction de l'armée que ce soit, pour l'un des délits prévus par les articles 401, 405, 406 et 408 du Code pénal ordinaire, entraînera en outre la destitution.

Art. 651. Dès qu'un condamné aura déjà subi une peine de plus d'un an pour un délit antérieur, il sera, en cas de nouveau désordre, délit, crime ou attentat, frappé du *maximum* de la peine prononcée par la loi.

Art. 652. Les peines des travaux forcés à perpétuité et des travaux forcés à tems, ne seront applicables contre aucun individu âgé de soixante-dix ans accomplis au moment de l'arrêt.

Elles seront remplacées à leur égard par celles de la réclusion, soit à perpétuité, soit à tems, et selon la durée de la peine qui pouvait être appliquée hors cette exception.

Art. 653. Pour tous désordres, fautes, délits, crimes ou attentats non prévus par la présente loi, les juridictions de l'armée, dans leurs ressorts, soit à l'Intérieur, en paix et en guerre, soit au dehors et en campagne, soit dans le cas d'état de siége, appliqueront les peines portées par les Codes correctionnel ou criminel ordinaires, ainsi qu'il est prévu par l'article 50, et selon les substitutions ou remplacemens indiqués aux articles précédens 648, 649 et 652, en ce qui touche au caractère propre de condamnés militaires ou assimilés aux militaires.

CHAPITRE VI.

Prononcé d'arrêt.

Art. 654. Quand une juridiction militaire sera d'accord sur l'espèce de son arrêt, elle rentrera en séance publique pour le prononcé du jugement.

Art. 655. Le Président fera comparaître l'accusé.

Dans le cas où il aurait été déclaré non coupable, le Président prononcera son acquittement.

Dans le cas où il aurait été déclaré coupable d'un fait qui n'est pas défendu par la loi, le Président prononce son absolution.

Art. 656. Dès que ces deux cas auront été proclamés, le Président ordonnera que l'accusé soit mis en liberté, s'il n'est détenu pour autre cause.

Cependant pour le cas d'absolution, le jugement ne sera mis à exécution qu'après l'expiration du délai fixé pour le pourvoi en annulation de la part du Commissaire du Roi. (Article 668.)

Art. 657. L'accusé qui aura été acquitté ou dont l'absolution sera devenue définitive, ne pourra plus être mis en jugement pour le même fait.

Il sera en outre rétabli dans sa position de service, de grade, d'emploi ou rang, avec rappel de tous ses droits de solde et d'avancement.

Art. 658. Dans le cas où l'accusé aura été déclaré coupable d'un fait défendu, le président prononcera la condamnation, et donnera lecture des dispositions de la loi qui lui auront été appliquées.

Art. 659. Tout accusé qui sera condamné à une peine, subira toutes les conséquences de la condamnation par rapport aussi à ses services, à son grade, à son rang ou son emploi.

Art. 660. Un jugement de condamnation à une peine quelconque prononcera en outre la remise, dans les magasins de l'État, des armes, des effets et de tous objets militaires lui appartenant, et qui auront été produits au procès comme pièces de conviction.

Il prescrira de même la remise ou le renvoi immédiat, à qui de droit, pour tous autres objets saisis.

De plus, il réservera, soit à l'Etat, soit aux tiers, l'action civile qui pourrait leur appartenir conformément aux lois.

ART. 661. Après avoir prononcé le jugement de condamnation dans sa forme et teneur, le Président avertira l'accusé ou les accusés qu'ils peuvent se pourvoir en annulation, dans le délai prescrit par les articles 666, 667 ci-après.

L'avertissement ayant été donné à haute voix, le Président ordonnera de reconduire *avec égards*, l'accusé en prison.

ART. 662. Quel que soit le jugement prononcé, il est écrit sans désemparer par le Greffier et signé, tant par le Président et les Juges, que par lui.

ART. 663. Tout arrêt contiendra, à peine de nullité :

1° Les noms et le grade des Juges qui l'auront rendu ; 2° la mention des conclusions du Commissaire du Roi ; 3° l'énonciation des questions qui auront été posées en exécution de l'article 629 et de la décision prise sur chacune d'elles ; 4° les articles et le texte de la loi appliquée.

ART. 664. Le Greffier dressera en outre un procès-verbal des séances à l'effet de constater que les formalités prescrites et surtout celles des articles 161, 207, 209 et 615 ont été observées.

Il ne sera fait mention au procès-verbal, ni des réponses des accusés, ni du contenu aux dispositions, sans préjudice toutefois de l'exécution de l'article 609, concernant les changemens, variations et contradictions dans les déclarations des témoins.

ART. 665. Le procès-verbal sera signé du Président et du Greffier, et dans le cas de défaut de procès-verbal, le Greffier sera puni de cinq cents francs d'amende, nonobstant tout autre recours, s'il y a lieu.

ART. 666. Il sera loisible au condamné et au Commissaire du Roi de se pourvoir en révision, pendant toute la durée du jour qui suivra celui de la condamnation

Dans ce cas, la déclaration de recours sera faite au Greffe par la partie intéressée et signée d'elle et du Greffier.

Quand le condamné ne pourra ou ne voudra signer, le Greffier en fera mention.

Art. 667. Toute déclaration de pourvoi de la part d'un condamné pourra être faite, dans la même forme, par son Conseil ou par un fondé de pouvoirs avec un mandat spécial; dans ce cas le mandat restera annexé à la déclaration qui sera inscrite sur un registre à ce destiné.

Le registre des déclarations de pourvoi sera public, et toute personne aura le droit de s'en faire délivrer des extraits.

Art. 668. Indépendamment de la faculté de pourvoi attribué au Commissaire du Roi contre un jugement pour motif de *minima*, il pourra exercer aussi un recours dans la même forme, et le même délai, contre les jugemens d'absolution.

Art. 669. Néanmoins lorsque le renvoi de l'accusé aura été prononcé, nul ne pourra se prévaloir contre lui de la violation ou omission des formes prescrites pour assurer sa défense.

Dans aucun cas, le pourvoi en annulation ne sera ouvert à qui que ce soit, contre les jugemens d'acquittement.

Art. 670. S'il n'y a pas de pourvoi en révision, le jugement sera exécuté dans les vingt-quatre heures, après l'expiration du délai fixé pour l'exercice de cette faculté.

Art. 671. Dans le cas de trahison, révolte, pillage ou destruction, la procédure aux armées et dans les places en état de siége, pourra être entièrement orale, à l'exception du procès-verbal d'audience et de jugement qui seront signés en minute, par le Président, les Juges et le Greffier.

Art. 672. Tout arrêt d'une juridiction militaire portant condamnation à une peine quelconque, prononcera en même tems, au profit du trésor public, le remboursement des frais auxquels la poursuite et la répression des désordres, fautes, délits, crimes et attentats auront donné lieu.

Art. 673. Afin de prévenir toute erreur de personne et toute fausse poursuite, les Présidens et Auditeurs tiendront la main à ce que les individus jugés soient signalés avec toute l'exactitude identique des noms et prénoms, des lieux de naissance ou de domiciles, des grades ou rangs, des corps et des armes, des états ou professions et de tous signes ou de toutes marques particulières propres à prévenir jusqu'à la moindre incertitude.

Art. 674. Les Présidens des juridictions militaires d'où seront émanés les jugemens, soit d'acquittement, soit d'absolution, soit de condamnation, en enverront toujours au Ministre de la guerre ou au Général en Chef, des copies littérales signées d'eux et des Greffiers.

CHAPITRE VII.

Défauts et contumaces.

Art. 675. Les jugemens par défaut seront signifiés aux prévenus ou à leur domicile, aussitôt après que la lecture en aura été faite devant la troupe assemblée sans armes.

Art. 676. Dans les cinq jours qui suivront cette signification, outre un jour pour cinq myriamètres de distance, les militaires ou assimilés militaires, condamnés par défaut, pourront former opposition à l'exécution des jugemens de l'espèce.

Art 677. Les prévenus de cette catégorie pourront en outre se pourvoir devant une Consulte de Révision contre les jugemens par défaut, dans les vingt-quatre heures qui suivront l'expiration du délai accordé pour l'opposition.

Art. 678. Si les condamnés par défaut laissent expirer les délais sans qu'il ait été formé de leur part, ni opposition, ni pourvoi, les jugemens qu'ils auront subis seront définitifs.

Art. 679. Lorsque l'autorité compétente aura donné l'ordre de mise en jugement, si l'accusé n'a pas été saisi, ou si après avoir été saisi, il s'est évadé, le Président du ressort rendra une ordonnance de contumace, énonçant le fait pour lequel le prévenu a été mis en accusation, et portant qu'il sera tenu de se présenter devant la juridiction, dans le délai de *dix jours*, passé lequel il sera jugé comme contumax.

Cette ordonnance lue devant la troupe assemblée sans armes, sera mise en outre à l'ordre du jour, et le délai de grâce commencera à courir de cet instant.

Art. 680. Après l'expiration du délai de dix jours, le Commissaire du Roi requerra, et le Général Commandant ordonnera la convocation du Tribunal où l'inculpé contumax doit paraître.

Art. 681. Les rapports et procès-verbaux de recherches, les dépositions des témoins entendus et autres pièces de l'instruction, seront lus en entier à l'audience.

Art. 682. Tout accusé contumax ne pourra se faire représenter ou défendre par aucun conseil ou mandataire, et le prononcé du jugement sera de droit, immédiat.

Art. 683. Le jugement sera rendu dans la forme ordinaire, mis à l'ordre du jour et affiché à la porte du lieu où siégera le Tribunal.

Il sera dressé, par le Greffier, procès-verbal de cette publication.

Les formalités prescrites au présent article, tiendront lieu de l'exécution du jugement par effigie.

Art. 684. Il n'est ouvert de pourvoi contre les jugemens de contumace, qu'au Commissaire du Roi; il n'y aura pas lieu à cette faculté dans le cas où le contumax serait acquitté.

Art. 685. En aucun cas, la contumace d'un accusé ne suspendra ni ne retardera l'instruction, à l'égard de ses co-accusés présens.

Art. 686. Le Tribunal pourra ordonner, après le jugement de ceux-ci, la remise des effets déposés au Greffe comme pièces de conviction, lorsqu'ils seront réclamés par les propriétaires ou ayant-droit.

Il pourra aussi ne l'ordonner qu'à charge de représenter, s'il y a lieu.

Cette remise, dans tous les cas, sera précédée d'un procès-verbal de description, dressé par le Greffier, à peine de *cent francs* d'amende.

Art. 687. Si l'accusé contumax se constitue prisonnier ou s'il est arrêté avant que la peine prononcée contre lui soit éteinte par prescription, le jugement rendu et les procédures faites, depuis l'ordonnance de prise de corps ou d'injonction de se présenter, seront anéantis de plein droit, et il sera procédé à son égard dans la forme contradictoire ordinaire.

Art. 688. Lorsque dans le cas prévu par l'article précédent, des témoins, pour quelque cause que ce soit, ne pourront être produits aux débats, leurs dépositions écrites et les réponses aussi des autres accusés, s'il y en a eu, seront lues à l'audience.

Il en sera de même de toutes les autres pièces qui soront jugées par le Président être de nature à répandre la lumière sur le délit et les coupables.

Art. 689. Tout accusé ayant fait défaut et tout contumax qui, après s'être présentés, obtiendraient leur renvoi de l'accusation, seront toujours condamnés aux frais occasionnés par le défaut ou la contumace.

TITRE III.

APPELS ET POURVOIS.

CHAPITRE I.

Décisions supérieures.

Art. 690. Quand un Lieutenant-Général a examiné les rapports et les plaintes qui ont motivé la convocation d'un Conseil de discipline, dans l'étendue de sa division, à l'intérieur ou à l'armée, il prononce sur la confirmation ou non de l'envoi des accusés à une des compagnies de correction qui lui ont été désignées à l'avance par le Ministre secrétaire d'Etat de la Guerre.

Art. 691. Si le Lieutenant-Général juge que tous les moyens de répression n'ont pas été épuisés, il ne donne pas suite à la demande du Conseil, et peut infliger, au sous-officier ou soldat que cette demande concernait, une détention dans un fort ou dans une prison militaire.

Toute détention ordonnée dans ce cas, ne doit pas excéder deux mois.

Art. 692. Quelle que soit la décision d'un Lieutenant-Général prononçant sur une proposition de Conseils de discipline, il en rend compte expressément au Ministre de la Guerre, à l'intérieur, et au Général en Chef, à l'armée.

Art. 693. Le Ministre de la Guerre, à moins de pou-

voirs délégués par le Roi à un Général en Chef, a seul,
en paix et en guerre, la faculté de donner cours d'exécution à l'avis d'une Commission d'enquête.

Art. 694. En raison des ordres du Secrétaire d'Etat
de la Guerre, toute proposition de retrait ou de suspension d'emploi, est d'abord examinée par le Comité
de l'arme à laquelle appartient l'inculpé.

Art. 695. A cet égard, les Officiers du corps royal
d'Etat-Major, les Membres de l'Intendance militaire,
les Officiers de l'Etat-Major des places, ceux de la Gendarmerie, et les agens des services du département de
la guerre, ressortiront du Comité de l'infanterie et de
la cavalerie.

Art. 696. Le Comité à qui les procès-verbaux de proposition et toutes les pièces à l'appui ont été renvoyés,
rédige son rapport, et adresse son avis au Ministre de
la guerre qui les soumet, s'il y a lieu, à l'approbation
du Roi.

Art. 697. Tout inculpé suspendu de ses fonctions ou
frappé d'un retrait d'emploi, est mis en non-activité, et
reçoit le traitement affecté à sa nouvelle position.

Art. 698. Quant aux décisions prises sur les propositions des Commissions d'enquête, par rapport aux Officiers ou Fonctionnaires militaires ayant plus de trois
ans de non-activité ou frappés d'une condamnation à
un emprisonnement de plus de six mois; la notification
ministérielle indique la situation expresse qui devra
leur être applicable, soit pour réforme définitive, soit
pour retraite, soit pour radiation sans plus des contrôles de l'armée.

Art. 699. Une expédition des procès-verbaux des
Commissions d'enquête, avec la décision royale inter-
venue, sera déposée aux archives des corps de troupe
dont faisaient partie les Officiers.

Pour ce qui concernera les Officiers sans troupe et les
Fonctionnaires militaires, le dépôt de ces titres aura
lieu aux archives de leurs divisions respectives.

Art. 700. Il n'y aura lieu à recours en décisions supérieures ou à pourvoi d'annulation, en fait de jugemens de Prévôtés d'armée, que pour cause d'incompétence.

Art. 701. Cependant tout arrêt de cette espèce qui prononcerait des condamnations à des peines extra-légales de son ressort, sera, avant d'être mis à exécution, transmis avec les pièces de la procédure, au Général commandant le corps d'armée le plus rapproché, ou au Général commandant la division la plus voisine, si le Quartier-général de l'armée ou du corps d'armée est éloigné de plus de six lieues.

Art. 702. Tout Officier général commandant qui pensera que le condamné dont le jugement lui est déféré, peut devenir l'objet de la clémence du Roi, adressera l'arrêt et les pièces au Général en chef, en y joignant son avis motivé.

S'il s'agissait d'une position de guerre à l'intérieur, cet envoi serait fait au Ministre de la Guerre.

Art. 703. Dans l'une ou l'autre situation, le Général saisi du pourvoi, ordonne un sursis; autrement, il renvoie l'arrêt et les pièces à l'Auditeur ou au Commissaire du Roi qui réquerra dès lors l'exécution du jugement, s'il n'y a pas d'autre recours légal.

CHAPITRE II.

Consultes de révision.

Art. 704. Les jugemens rendus par les juridictions correctionnelles ou martiales, tant à l'intérieur en état de paix et de guerre, qu'aux armées et dans l'état de siège, peuvent être attaqués par recours devant les Consultes de révision.

Art. 705. Quelle que soit une Consulte de révision, en paix, en guerre, dessus ou hors le territoire, elle ne peut connaître du fond des affaires.

Art. 706. Il n'y a lieu à annuler les jugemens des ressorts correctionnels et criminels de l'armée, dans toutes leurs positions, que pour les cas suivans :

1° Lorsque le Tribunal, selon son espèce, n'a pas été composé conformément aux dispositions de la présente loi ;

2° Lorsque les règles de la compétence auront été violées ;

3° Lorsqu'il y aura eu violation aussi ou omission des formes prescrites *à peine de nullité* ;

4° Lorsque le jugement ne sera pas conforme à la loi dans l'application des peines ;

5° Lorsque l'absolution aura été motivée sur la non-existence d'une loi pénale en vigueur ;

6 Lorsque le Tribunal aura omis de statuer sur une réquisition tendant à user d'une faculté ou d'un droit accordé par la loi.

ART. 707. Chaque Consulte de révision connaît des jugemens rendus par les juridictions correctionnelles ou martiales de sa circonscription propre, soit à l'intérieur, soit au dehors ; elle connaît en outre des jugemens des Prévôtés d'armée établies dans son ressort, mais seulement, à leur égard, pour un cas ou une cause d'incompétence. (Article 700.)

ART. 708. Aussitôt après une déclaration de recours en révision, le Commissaire du Roi, près le Tribunal correctionnel militaire ou la Cour martiale, et l'Auditeur près la Prévôté d'armée, adressent aux Commissaires du Roi, près les Consultes compétentes, expédition du procès-verbal de la séance de jugement, avec expédition de l'arrêt rendu et de l'acte de pourvoi.

Ils y joignent en outre toutes les pièces de la procédure, et, si elles ont été produites, la requête de l'accusé et les pièces à l'appui.

ART. 709. Lorsque le Commissaire du Roi près une Consulte de révision aura reçu les pièces de la procédure, il les enverra sur le champ au Greffe de la Consulte où elles resteront déposées pendant vingt-quatre heures, dans toute circonstance ordinaire.

ART. 710. Il sera loisible au défenseur de l'accusé, s'il en a un, de prendre communication des pièces déférées à la Consulte, sans qu'elles puissent néanmoins être déplacées ; il aura la faculté aussi de produire, avant le jugement, les requêtes, mémoires et actes qu'il jugera à propos.

ART. 711. Le Greffier d'une Consulte de révision tiendra un registre où il annotera les productions faites par le Commissaire du Roi et par le condamné, ainsi que l'espèce et la date de ces productions.

ART. 712. A partir du dépôt des pièces au Greffe, les Consultes sont tenues de se réunir et de prononcer sur les jugemens, dans les délais ci-après :

CONSULTES DE PRÉVÔTÉS D'ARMÉE ;

Pour incompétence, dans les vingt-quatre heures.

CONSULTES CORRECTIONNELLES OU MARTIALES ;

Pour circonstances ordinaires en paix et en guerre, dans les trois jours du dépôt.

Pour cas de révoltes, trahison, pillage, destruction, dans les vingt-quatre heures.

ART. 713. Une fois le délai de rigueur expiré. selon l'espèce des jugemens déférés, les pièces de l'affaire sont, par ordonnance du Président, remises à l'un des Juges, pour en faire le rapport.

Les affaires seront distribuées, à tour de rôle, entre les Juges de chaque Consulte, saisie par suite de même compétence.

ART. 714. Le rapport est fait en audience publique ; le Juge qui en a été chargé, expose les moyens de pourvoi et les observations que l'examen de la procédure lui a suggérées, sans toute fois exprimer son opinion.

ART. 715. Après le rapport entendu. le défenseur du condamné sera écouté, sans qu'il puisse plaider sur le fond de l'affaire ; il sera tenu dès lors de se renfermer dans les causes légales d'annulation.

ART. 716. Le Commissaire du Roi, après la plaidoirie, et à défaut de plaidoirie, après le rapport du Juge, discutera chacun des moyens présentés dans la requête ou à l'audience, ainsi que ceux qu'il croira devoir proposer d'office, et il donnera ses conclusions.

ART. 717. Immédiatement. la Consulte de révision

délibérera hors de la présence du Commissaire du Roi, du Greffier et de l'Auditoire ; elle statuera successivement, et à la pluralité des voix, sur chacun des moyens proposés et combattus.

Le Président recueillera les voix, en commençant par celle du rapporteur, et ensuite, dans l'ordre inverse du grade ou rang et de l'ancienneté.

Art. 718. Tout jugement de Consulte de Révision sera motivé, et dans le cas d'annulation, le texte de la loi violée ou faussement appliquée, sera transcrit dans l'arrêt.

Quel que soit le jugement, il sera prononcé par le Président en audience publique ; la minute sera signée par le Président et le Greffier.

Art. 719. Lorsqu'une Consulte aura reconnu dans la rédaction des actes de l'instruction ou de l'acte du jugement, une inobservation de formes, elle pourra, encore qu'il n'en dût pas résulter annulation, prononcer contre le Greffier fauteur, une amende de 3o à 6o fr., qui sera versée à la caisse du Receveur de l'enregistrement.

Art. 720. Si le pourvoi déféré à une Consulte de Révision est rejeté par elle, le Commissaire du Roi transmettra de suite le jugement de confirmation et les pièces du procès, au Commissaire du Roi près le Tribunal dont l'accusé avait appelé, et il en donnera avis en même tems au Général commandant la division de l'intérieur ou de l'armée.

Art. 721. Dans le cas d'annulation pour cause d'incompétence, la Consulte de Révision prononcera le renvoi de l'affaire devant le Tribunal du ressort légitime.

S'il y a tout autre motif, la cause et les pièces de la procédure sont renvoyées par la Consulte devant le Tribunal de la division ou de l'armée qui n'en aura pas connu, ou à défaut, devant la juridiction du même ressort dont le chef-lieu sera le plus rapproché.

Art. 722. Les jugemens des Consultes de Révision seront, à la diligence des Commissaires du Roi, transcrits sur les registres des Tribunaux militaires, en marge ou à la suite des jugemens annulés ou confirmés.

ART. 723. Le Commissaire du Roi près la Consulte d'où émanera une annulation, enverra une expédition du jugement au Tribunal dont l'arrêt n'aura pas été confirmé.

Une autre expédition sera également adressée au Ministre secrétaire d'Etat de la Guerre.

ART. 724. Au même instant, le Commissaire du Roi près la Consulte qui a prononcé une nouvelle information, transmet les pièces du procès, avec une expédition de l'arrêt d'annulation, au Commissaire du Roi près le Tribunal devant lequel l'affaire est renvoyée.

ART. 725. Si l'annulation a été prononcée pour inobservation de formes, la procédure sera recommencée à partir du premier acte annulé ; les débats du reste devront toujours être recommencés en entier.

ART. 726. Dans le cas où le deuxième jugement intervenu serait encore annulé, l'affaire devra désormais être renvoyée devant un Tribunal d'une des divisions limitrophes de l'intérieur ou de l'armée.

Toutefois, une expédition de l'arrêt d'annulation nouvelle sera toujours transmise au Tribunal qui aura rendu le deuxième jugement infirmé.

CHAPITRE III.

Cour de Cassation.

ART. 727. Indépendamment de l'effet des articles 75 et 76, lorsqu'il arrivera qu'il y ait des recours en cassation contre des arrêts ou jugemens rendus en dernier ressort par des juridictions de l'armée en matière correctionnelle ou criminelle, soit à l'intérieur, soit au dehors en guerre, ils seront exercés, s'il y a lieu, tant par les parties civiles s'il y en a, que par le ministère public près des juridictions, sauf déclaration et inscription aux registres prescrits d'après les articles 667, 668 et 711.

ART. 728. Tout recours de l'espèce sera notifié dans le délai de trois jours, à la partie contre laquelle il sera dirigé.

ART. 729. Lorsque la partie sera actuellement détenue, l'acte contenant la déclaration de recours lui sera lu par le Greffier qui l'aura inscrit; elle le signera, et si elle ne le peut ou ne le veut, le Greffier en fera mention.

ART. 730. Dans le cas où la partie, objet du recours, serait en liberté, le demandeur en cassation lui notifierait le pourvoi par le ministère d'un Huissier ou d'un agent de police militaire, soit à sa personne, soit au domicile par elle élu.

Le délai de notification serait alors augmenté d'un jour par chaque distance de trois myriamètres.

ART. 731. Il y aura lieu à déférer en appel près la Cour de cassation, tout jugement d'espèce capitale rendu ou confirmé par les juridictions militaires, dans un des cas prévus et suivant la forme prescrite par les articles ci-après.

ART. 732. Quand le Ministre de la Guerre a jugé, soit d'office, soit sur la réclamation des parties intéressées, qu'il y a motif à révision par la Cour suprême, il s'adresse au Ministre de la Justice qui donne au Procureur général du Roi près cette Cour, l'ordre de faire procéder à l'instruction nouvelle, selon l'espèce du renvoi et d'après les formes d'usage.

ART. 733. Ainsi, lorsqu'un accusé aura été condamné pour un délit ou crime, et qu'un autre accusé aura aussi été condamné, par un autre jugement, comme auteur du même délit ou crime, il y a sujet à révision, si les deux arrêts ne peuvent se concilier, et sont la preuve de l'innocence de l'un ou de l'autre condamné.

Dans ce cas, l'exécution des deux jugemens doit être suspendue, quand même la demande en cassation de l'un ou de l'autre arrêt aurait été déjà rejetée.

ART. 734. Une fois que la Cour a vérifié, en section

criminelle, que les deux condamnations ne peuvent se concilier, elle casse dès lors les deux jugemens, et renvoie les accusés pour être procédé à leur égard, sur les actes d'accusation subsistant, devant une juridiction militaire autre que celles qui avaient rendu les deux arrêts en dissidence.

Art. 735. Lorsqu'après une condamnation pour homicide, il sera, de la part du Ministre de la Guerre ou de quelque partie intéressée, adressé au Ministre de la Justice des pièces représentées postérieurement à la condamnation, et propres à faire naître de suffisans indices sur l'existence de la personne dont la mort supposée aurait donné lieu à la condamnation : la Cour de cassation, saisie du renvoi fait par ordre exprès du Ministre de la Justice, peut préparatoirement désigner une Cour martiale pour reconnaître l'existence et l'identité de la personne prétendue homicidée et les constater par l'interrogatoire de cette personne, par l'audition des témoins, et par tous les moyens propres à mettre en évidence le fait destructif de la condamnation.

Art. 736. Toute exécution d'une condamnation de l'espèce est de plein droit suspendue jusqu'à ce que la Cour de cassation ait prononcé; et s'il y a lieu ensuite, elle l'est encore, par l'arrêt préparatoire de cette Cour.

Art. 737. La Cour martiale désignée par la Cour de cassation, prononce simplement sur l'identité ou la non-identité de la personne présumée victime de l'homicide, et après que son jugement aura été, avec la procédure, transmis à la Cour de cassation, celle-ci pourra casser l'arrêt primitif de condamnation, et même renvoyer, s'il y a lieu, l'affaire à une juridiction militaire autre que celles qui en auraient jusque-là connu.

Art. 738. Si pour le même fait d'homicide, il y a lieu à réviser une condamnation portée contre un individu mort depuis, la Cour de cassation crée un curateur à sa mémoire, avec lequel se fait alors l'instruction, et qui exerce tous les droits du condamné.

Art. 739. Quand le résultat de la procédure subsidiaire prouve que la première condamnation a été portée injustement, le nouvel arrêt décharge la mémoire du condamné de l'accusation qui avait été portée contre lui, ainsi que de toutes ses suites.

Art. 740. Qu'après une condamnation contre un accusé, l'un ou plusieurs des témoins qui avaient déposé à charge contre lui, soient poursuivis pour avoir porté un faux témoignage dans le procès; si l'accusation en faux témoignage est admise contre eux, ou même s'ils ont été placés sous mandat d'arrêt, il sera sursis, dans cette nouvelle circonstance, à l'exécution du jugement intervenu, quand même la Cour de cassation aurait rejeté précédemment la requête du condamné.

Art. 741. Lorsque par suite des diligences nouvelles, les témoins auront été condamnés pour faux témoignage réel à charge, le Ministre de la Guerre ou la partie intéressée défère au Ministre de la Justice l'arrêt intervenu, et celui-ci charge le Procureur du Roi près la Cour de cassation de dénoncer le fait à cette Cour.

Art. 742. Dès que la Cour de cassation a vérifié le jugement sur lequel le second arrêt a été rendu, elle annule ce premier jugement, si les témoins ont été convaincus en effet de faux témoignage à charge, et ordonne qu'il soit procédé contre l'accusé sur l'acte d'accusation subsistant.

Alors elle le renvoie devant une juridiction militaire autre que celles qui auront rendu soit le premier, soit le dernier jugement.

Art. 743. Si les accusés de faux témoignage sont acquittés, le sursis sera levé de droit et le jugement de condamnation primitive exécuté *sans plus*.

Art. 744. Tout témoin condamné pour faux témoignage ne peut être entendu dans les nouveaux débats de l'information et du jugement.

Art. 745. Chaque fois qu'il y aura lieu de surseoir à l'exécution d'un jugement de juridiction militaire, par suite d'appel ou de recours en cassation, l'ordre ne pourra en être donné que par le Ministre de la Guerre.

Art. 746. Quelque puisse être un renvoi autorisé par

la Cour de cassation, en espèce militaire, il est fait devant un Tribunal des juridictions de l'armée et toujours en dehors de celles qui auraient précédemment connu de l'affaire dénoncée en cassation.

Art. 747. Indépendamment de tout appel et de tout pourvoi en Cour de cassation, résultant, soit d'une demande d'office, soit d'une requête des parties intéressées, le Procureur-Général du Roi près cette Cour pourra, sur l'exhibition d'un ordre formel du Ministre de la Justice, dénoncer à la section criminelle, les actes judiciaires, arrêts ou jugemens contraires à la loi, et procédant d'une juridiction militaire, tant à l'intérieur qu'aux armées.

Art. 748. La Cour de cassation a de plus, en toute circonstance d'incertitude et de conflit, selon l'art. 10, la faculté de prononcer en réglement de Juges, lorsqu'un Officier de Police judiciaire militaire, un Tribunal militaire ou maritime, ou toute autre juridiction d'exception, d'une part ; une Cour royale ou d'assises, ou spéciale, un Tribunal jugeant correctionnellement, un Tribunal de police, ou un Juge d'instruction, d'autre part ; seront saisis de la connaissance du même désordre, du même délit, du même crime, ou de désordres, délits et crimes connexes ou de la même contravention.

CHAPITRE IV.

Chambres législatives.

Art. 749. Il y a trois circonstances où le concours des Chambres du gouvernement peut être invoqué dans l'administration de la Justice militaire.

1.º Pour délits ou crimes du fait d'un de leurs membres, ayant un grade ou une fonction dans l'armée, selon l'article 37.

2° Pour chefs d'accusation pesant sur la tête d'un Lieutenant-général ou d'un Maréchal de France, ni *pair*, ni *député*.

3° Pour interprétation de textes de lois pénales, applicables à la force publique nationale, dans tout cas imprévu.

ART. 750. Quand la première circonstance se produit, la Chambre dont le membre militaire fait partie, évoque de droit la cause pour en connaître au fond et lui donner les suites qui peuvent se rattacher au respect dû à la représentation nationale, et aux lois de la justice propre de l'armée.

ART. 751. En conséquence, toutes les pièces des recherches et des poursuites qui ont eu lieu de la part des Officiers de police judiciaire, sont adressées à la Chambre compétente, pour éclairer ses propres informations.

ART. 752. Dès que les actes préparatoires et les divers titres d'accusation ont été transmis au Président de la Chambre par le Ministre de la Guerre, il y a lieu de nommer une Commission spéciale, pour examiner les faits, en apprécier l'importance et faire à leur sujet un rapport en séance publique.

ART. 753. Si le membre militaire qui est inculpé appartient à la Chambre des Députés, elle décide, avec les formalités voulues par les lois et par son réglement, qu'il y a lieu ou non à accusation, et dans le cas d'affirmative, elle déclare que la Chambre des Pairs sera saisie.

ART. 754. Lorsque le prévenu militaire fera partie de la Chambre des Pairs, cette Chambre procédera comme celle des Députés, à la reconnaissance du désordre, du délit ou crime relevant au fond de l'Administration de la justice des armes, et déclarera aussi, par vote public, qu'il y a lieu ou non à mise en jugement.

ART. 755. Aussitôt que l'une ou l'autre Chambre a constaté le fait d'une poursuite contre un de ses membres, à titre de désordre, de délit ou crime d'espèce militaire, c'est la Chambre des Pairs qui seule peut désormais en connaître, comme haute Cour nationale.

Art. 756. De ce moment, le membre atteint, en sa qualité militaire, d'une accusation plus ou moins grave, est mis à la disposition de la haute Cour, pour subir, devant elle, toutes les formalités d'un jugement régulier et authentique.

Art. 757. Quel que soit le grade ou la fonction militaire du membre inculpé, la haute Cour se constitue en Assemblée générale, sauf les récusations ou les empêchemens légitimes, et donne à la procédure toutes les garanties prescrites pour la comparution et le jugement devant les juridictions ordinaires de l'armée.

Art. 758. Tout arrêt prononcé par la Chambre des Pairs, constituée en haute Cour par rapport au jugement d'un militaire membre de la législature nationale, emporte avec lui son effet, sans appel et sans aucun autre recours.

Art. 759. Lorsqu'il y aura eu condamnation, avec application de peines, celles qui se rapporteront à la justice militaire, seront, quelles qu'elles soient, déférées au Ministre de la Guerre pour en faire suivre l'exécution, selon les rigueurs propres de la législation correctionnelle ou criminelle de l'armée.

Quant aux peines cumulatives dépendant de la dignité de Député des Départemens ou de Pair de France, le gouvernement restera chargé de leur dénonciation et de leur suite.

Art. 760. S'il s'agit dans le second cas prévu par les articles 37 et 749, de la comparution devant la Chambre des Pairs, d'un Lieutenant général ou d'un Maréchal de France, ni *Pair* ni *Député*, la Chambre constituée de ce moment dans ses attributs aussi de Cour suprême, procède à leur égard, sauf les formes spéciales de ses informations et de ses jugemens, sans recours et en dernier ressort.

Art. 761. Chaque fois que sous le rapport de l'interprétation des lois pénales militaires, les Chambres législatives seront appelées à faire acte de volonté nationale, la cause et l'objet leur seront déférés sur la demande d'office du Ministre secrétaire d'Etat de la Guerre ou sur celle des parties intéressées.

Toute communication de cette espèce donnera lieu à un projet de loi présenté par le Ministre secrétaire d'Etat de la Justice.

Art. 762. Si quelque débat d'interprétation peut amener la nécessité d'une consultation près les Chambres législatives, c'est d'abord celui de l'annulation d'un premier et d'un second jugement pour le même délit ou crime, et les mêmes prévenus, après l'intervention pourtant de la Cour de cassation.

Art. 763. Lors donc qu'à la suite de l'annulation d'un premier jugement de la part d'une Consulte de révision, un second jugement rendu entre les mêmes parties par une nouvelle juridiction, et attaqué par les mêmes moyens, aura été aussi annulé de nouveau ; l'affaire sera renvoyée devant une juridiction de même compétence, siégeant dans les divisions limitrophes, et autre encore que celles qui auront rendu les premiers jugemens.

Art. 764. Dans ce cas, le nouveau Tribunal saisi de l'affaire, devra suivre la règle qui résultera de l'interprétation la plus favorable à l'*accusé*, surtout si le point contesté portait sur l'application de la peine.

Alors le jugement de ce Tribunal ne pourrait plus être attaqué en annulation ordinaire pour le même motif.

Art. 765. Néanmoins, toutes les fois que dans cette espèce complexe, il y aura de nouveaux débats et de nouvelles incertitudes de législation, avec suspension de peines, ce sera le cas, après avoir épuisé les moyens de la Cour de cassation, d'en référer au Roi pour être procédé par le gouvernement, à une interprétation définitive et désormais inattaquable.

Art. 766. Si les Chambres sont assemblées, le projet de loi d'interprétation suivra immédiatement le référé ; et dans le cas de leur absence, la loi, règle nouvelle du débat et du droit, serait présentée à l'ouverture de la session la plus prochaine.

Art. 767. Quel que soit, dans l'application de la justice militaire, un conflit de débats ou de jugemens pouvant suspendre l'exemple immédiat d'une juste répression correctionnelle ou criminelle pour les drapeaux, les Chambres législatives seront toujours appelées expressément à donner, sans retard, une sanction solennelle à l'interprétation la plus droite et la plus positive, dans l'intérêt de l'armée.

CHAPITRE V.

Recours au Roi.

Art. 768. Toute juridiction militaire qui a prononcé une peine inflictive ou capitale, peut manifester un sentiment particulier d'intérêt pour le condamné, en mentionnant, au jugement, les motifs qui seraient de nature à le rendre l'objet d'un acte de clémence royale.

Art. 769. L'Officier général qui aura reçu l'expédition d'un jugement portant ou non proposition de clémence, a la faculté, par lui-même, d'ouvrir à cet égard un avis favorable au condamné, selon l'article 702.

Art. 770. Parmi les décisions supérieures et les sentences judiciaires qui peuvent principalement devenir le sujet d'une modération de rigueurs et même d'un acte d'indulgence, se trouvent, entre autres, les destitutions pour fautes contre la discipline, et surtout pour mariages contractés sans autorisation.

Art. 771. Dans le cas d'une proposition faite ou à faire, les pièces à l'appui du jugement, et le jugement même, ayant été adressées au Ministre de la Guerre avec un avis motivé, le Ministre, sur l'examen de la proposition et de ses causes, prend alors les ordres du Roi.

Art. 772. Quand il y a lieu à quelque modification de l'espèce, par suite d'une demande, soit de juridiction militaire, soit d'Officier-Général Commandant, le sursis est ordonné pour toute exécution jusqu'à la réponse du Ministre secrétaire d'État de la Guerre.

Art. 773. A l'intérieur, en paix et en guerre, tout acte de clémence doit procéder de la prérogative royale; nul autre pouvoir n'est appelé à faire acte d'atténuation quelconque envers l'arrêt d'une juridiction militaire.

Art 774. En campagne, hors le territoire, tout Général, commandant en chef une armée ou corps d'armée, peut, selon les propositions et les circonstances, modifier les peines d'un jugement correctionnel ou martial, mais il faut que cette faculté suprême résulte positivement d'une délégation de la Couronne, et il en est toujours rendu compte au Roi.

Art. 775. Le Commandant supérieur d'une place en état de siége, a le pouvoir, dans sa position exceptionnelle, de juger si l'exécution d'une sentence doit avoir lieu selon toute sa rigueur et dans son délai fatal : toutefois l'action d'un tempérament ou d'un sursis, quels qu'ils soient, ne peut avoir d'effet que jusqu'à la levée de l'état de siége.

Alors, c'est au Ministre de la Guerre à prendre les ordres du Roi, pour rejet, ou pour confirmation.

Art. 776. Toute atténuation ou commutation de peine, obtenue à titre de clémence royale, est positivement inscrite au jugement et notifiée au condamné, dans la forme et avec l'appareil militaire.

Art. 777. Quel que soit un jugement militaire emportant peine capitale, il peut y avoir recours en grâce près du Roi, de la part du condamné, de son conseil ou de sa famille; mais la requête doit en être présentée selon les termes du Code criminel ordinaire.

Art. 778. En attendant que le recours en grâce ait parcouru la voie hiérarchique et les différens degrés de sa présentation à la sanction royale, le jugement dont est question reste suspendu en tout ce qui peut résulter de son exécution immédiate, sauf toutefois le cas de sédition ou de révolte ouvertes.

Art. 779. Lorsqu'il est constaté que les propositions de clémence et les recours en grâce ont été éloignés ou suivis de refus, les pièces de la procédure sont renvoyées aux Commissaires du Roi des juridictions qui avaient prononcé les jugemens, et ils en requerrent sans plus l'exécution.

Art. 780. Indépendamment de toute circonstance instantanée pouvant motiver un recours au Roi, de la part d'un militaire sous le coup d'un jugement correctionnel ou martial; il y a chaque année, deux époques entre autres, où l'armée reste en expectative d'exemples de clémence et de commutations de peines, par rapport aux compagnies de discipline, aux prisons pénitentiaires et aux ateliers des travaux publics ou du boulet.

Art. 781. Les Inspecteurs généraux d'armes sont appelés, d'une part, lors de leurs revues générales, à reconnaître ceux des sous-officiers, caporaux, brigadiers et soldats qui, condamnés depuis *six mois* au moins, ont acquis, par leur repentir et leur retour à une bonne conduite, l'espoir d'être proposés pour un adoucissement de peines, et même pour une remise entière de condamnation.

Art. 782. Aux journées commémoratives de la Révolution de Juillet, il peut, d'autre part, chaque année aussi, être fait un travail général d'actes de clémence au nom du Roi, comme chef suprême de l'administration de la justice militaire, et arbitre souverain de ses rigueurs et de ses grâces.

Art. 783. Quelle que soit l'occasion ou la cause d'une invocation de décisions royales pour modification de peines en faveur des condamnés des compagnies de discipline, des prisons pénitentiaires, des ateliers des travaux publics et du boulet, ou de tous autres reconnus dans un cas d'atténuation rationnelle; la proposition en est toujours adressée au Ministre secrétaire d'Etat de la Guerre qui présente seul au Roi le rapport des motifs et des actes de clémence, et dès lors aussi reste chargé de droit d'en suivre l'exécution.

Art. 784. Tout condamné militaire qui a été l'objet d'une remise entière de peine, par suite d'un acte de la prérogative royale, est tenu de rentrer à son corps ou dans un cadre quelconque de l'armée pour y finir, s'il y a lieu, le tems légal de son service.

Il ne peut, à cet égard, y avoir d'exception ou de grâce de libération.

Art. 785. Quel que soit un condamné militaire rappelé au service par suite de remise de tems de peines ou d'acte de grâce entière, il est inscrit, au moment de son arrivée, comme recrue ordinaire et traité de même.

Il n'est fait, sur les contrôles du corps ou de l'établissement qui l'a reçu, aucune mention de la peine à laquelle il avait été condamné, ou qu'il a subie en tout ou partie.

CHAPITRE VI.

Confirmation dernière.

Art. 786. Dès que toutes les hiérarchies des appels, pourvois et recours ont été parcourues, et qu'il y a eu rejet de clémence et de grâce, ou confirmation de décisions, d'arrêts et de jugemens en dernier ressort; l'application des jugemens, arrêts et décisions doit être poursuivie dans les vingt-quatre heures.

Art. 787. En conséquence, les Rapporteurs ou Commissaires du Roi près les juridictions dont les actes doivent recevoir leur effet, rendent compte aux Officiers généraux qui ont ordonné la mise en jugement, leur dénoncent les rejets ou les confirmations intervenus, et requerrent d'eux les ordres nécessaires pour l'imposition des peines.

Art. 788. Les décisions des Officiers-Généraux ou du Ministre secrétaire d'Etat de la Guerre, en fait de peines de discipline, sont notifiées aux chefs de corps ou des services militaires qui doivent immédiatement en suivre les résultats dans les termes de leur confirmation et en rendre compte.

Art. 789. A l'égard de toute peine correctionnelle ou criminelle prononcée par une Prévôté d'armée ou tout autre Tribunal militaire compétent, le Commissaire du

Roi près la juridiction dont l'arrêt est devenu irrévocable, fait les diligences convenables pour que l'application ait lieu, sans plus, dans le délai légal.

Art. 790. Lorsqu'il y aura eu condamnation définitive à l'égard d'un habitant ou d'un prisonnier de guerre de pays en hostilité, le Magistrat ou le Commissaire étranger appelé pour suivre le cours impartial de la procédure, sera invité à se retirer en laissant ou non un témoignage écrit de son respect pour le jugement intervenu, ainsi que pour l'application de ses dernières rigueurs légales.

Art. 791. Dans le cas d'un pareil témoignage, toujours libre, l'inscription devra s'en faire immédiatement à la suite de l'arrêt, pour voies d'échanges d'égards et de loyauté, pendant les opérations de guerre.

Art. 792. Quoiqu'il en soit, qu'il y ait eu témoignage ou non, une expédition de toute sentence de l'espèce sera toujours envoyée au Général en chef ennemi, par un parlementaire.

MODÈLE N° **18.**

(Voir : Journal Militaire.

N° **19.**   **Juridictions**

Art. 645.   **Tableau de l'application**

ARTICLES DU CODE.	CONDAMNATIONS.	
	MOTIFS.	ESPÈCES.
	Conseils de Discipline.	
42. 43. 44. 261 à 264. 360 à 364.	Désordres de tenue. Négligences de service. Fautes de subordination. Maraude simple. Répressions intérieures.	Salle de police. Garde du camp. Prison. Cachot. Comp. de correct.
	Commissions d'Enquête.	
43. 44. 265 à 274. 319. 365 à 378.	Dettes contractées. Inconduite habituelle. Infractions de discipline. Incarcérations. Mariage sans autorisation. Manques contre l'honneur.	Arrêts { simples. { de rigueur Prison. Retenue de solde. Retrait d'emploi. Réforme.
	Prévôtés d'armée.	
44. 45. 466 à 476.	Absence du corps. Désordres sur les flancs. ——— sur les derrières. Excès commis.	Garde du camp. Prison. Cachot. Détention.

ARTICLE DU CODE, **593.**

2ᵉ sémestre 1836, page 361.

***

Disciplinaires.

des Peines de leur compétence.

PIED DE PAIX.				PIED DE GUERRE.			
	DEGRÉS.				DEGRÉS.		
Minimum.	Atténuans	Aggravans	Maximum.	Minimum.	Atténuans	Aggravans	Maximum.

Art. 15. 24. 50. 55.

Minimum.	Atténuans	Aggravans	Maximum.	Minimum.	Atténuans	Aggravans	Maximum.
8 jou.	10 jou.	15 jou.	20 jou.	10 jou.	15 jou.	20 jou.	30 jou.
»	»	»	»	10 id.	15 id.	20 id.	30 id.
10 id.	15 id.	20 id.	30 id.	15 id.	20 id.	30 id.	60 id.
8 id.	10 id.	15 id.	20 id.	10 id.	15 id.	20 id.	30 id.
— Jusqu'à la libération.				— Jusqu'à la libération.			

Art. 16. 26. 50. 55.

Minimum.	Atténuans	Aggravans	Maximum.	Minimum.	Atténuans	Aggravans	Maximum.
10 jou.	15 jou.	20 jou.	30 jou.	10 jou.	15 jou.	20 jou.	30 jou.
8 id.	10 id.	15 id.	20 id.	10 id.	15 id.	20 id.	30 id.
15 id.	20 id.	30 id.	60 id.	1 m.	2 m.	4 m.	6 m.
175.	»	»	175.	175.	»	»	175.
1 an.	»	2 ans.	3 ans.	1 an.	»	2 ans.	3 ans.
— Jusqu'au terme légal.				— Jusqu'au terme légal.			

Art. 17. 28. 29. 50. 55.

Minimum.	Atténuans	Aggravans	Maximum.	Minimum.	Atténuans	Aggravans	Maximum.
»	»	»	»	10 jou.	15 jou.	20 jou.	30 jou.
»	»	»	»	1 m.	2 m.	4 m.	6 m.
»	»	»	»	10 jou.	15 jou.	20 jou.	30 jou.
»	»	»	»	1 m.	4 m.	8 m.	1 an.

ARTICLES DU CODE.	CONDAMNATIONS.	
	MOTIFS.	ESPÈCES.
298. 302.	Abandon de poste.	Emprisonnement, Travaux publics.
304. 442.	Absence illégale d'officiers. —	Destitution.
327. 328.	Abus de confiance. Achats de créances, titres.	Réclusion. Travaux forcés. Dégradation mil.
305.	Appel aux armes { alarme. la Générale	Prison. Travaux publics. Boulet.
291. 292.	Attaques contre l'autorité.	Emprisonnement. Réclusion. Travaux forcés.
294. 295.	Blessures et coups. { Sans maladie. Avec maladie. Préméditation. Guet-à-pens.	Emprisonnement. Amende. Emprisonnement. Amende. Réclusion. Travaux forcés.
324. 325.	Concussions et connivences.	Réclusion. Travaux forcés. Amende. Dégradation mil.
314. 317.	Contrefaçons de sceaux, Cachets, timbres, marques.	Réclusion. Travaux forcés.
324. 330. 351. 352.	Corruptions { dons, présens. offres, prom.	Emprisonnement. Amende. Dégradation mil.
275 à 288.	Désertion à l'intérieur { sans arm. et effets étant de service. en faction. par complot.	Travaux publics. Boulet.

tionnels militaires.

des Peines de leur compétence,

PIED DE PAIX				PIED DE GUERRE			
Minimum.	Atténuans	Aggravans	Maximum.	Minimum.	Atténuans	Aggravans	Maximum.
3 m.	4 m.	5 m.	6 m.	1 an.	2 ans.	3 ans.	4 ans.
1 an.	2 ans.	3 ans.	4 ans.	2 id.	3 id.	4 id.	5 id.
»	»	»	»	»	»	»	»
2 ans.	3 ans.	4 ans.	5 ans.	3 ans.	4 ans.	5 ans.	6 ans.
3 id.	4 id.	5 id.	6 id.	4 id.	6 id.	8 id.	10 id.
»	»	»	»	»	»	»	»
3 m.	4 m.	5 m.	6 m.	1 an.	2 ans.	3 ans.	4 ans.
2 ans.	3 ans.	4 ans.	5 ans.	3 id.	4 id.	6 id.	8 id.
2 id.	3. id.	4 id.	5 id.	3 id.	4 id.	6 id.	8 id.
6 m.	1 an.	2 ans.	3 ans.	1 id.	2 id.	3 id.	4 id.
3 ans.	4 id.	5 id.	6 id.	4 id.	5 id.	6 id.	8 id.
2 id.	3 id.	4 id.	5 id.	3 id.	4 id.	5 id.	7 id.
3 m.	6 m.	1 id.	2 id.	6 m.	1 id.	2 id.	3 id.
20 fr.	60 fr.	100 fr.	200 fr.	50 fr.	100 fr.	200 fr.	300 fr.
6 m.	1 an.	2 ans.	3 ans.	1 an.	2 ans.	3 ans.	5 ans.
50 fr.	100 fr.	200 fr.	300 fr.	100 fr.	200 fr.	400 fr.	600 fr.
2 ans.	3 ans.	4 ans.	5 ans.	3 ans.	4 ans.	6 ans.	8 ans.
3 id.	4 id.	5 id.	6 id.	4 id.	6 id.	8 id.	10 id.
2 id.	3 id.	4 id.	5 id.	4 id.	6 id.	8 id.	10 id.
3 id.	4 id.	5 id.	6 id.	4 id.	6 id.	8 id.	10 id.
500 fr.	— Plus : Restitution.			1000 f.	— Plus : Restitution.		
»	»	»	»	»	»	»	»
2 ans.	3 ans.	4 ans.	5 ans.	3 ans.	4 ans.	5 ans.	6 ans.
3 id.	4 id.	5 id.	6 id.	4 id.	5 id.	6 id.	8 id.
2 m.	4 m.	6 m.	1 id.	6 m.	1 id.	2 id.	3 id.
100 fr.	— Valeur des dons.			500 fr.	— Valeur des dons.		
»	»	»	»	»	»	»	»
2 ans.	3 ans.	4 ans.	5 id.	3 ans.	4 ans.	6 ans.	8 ans.
3 id.	4 id.	5 id.	6 id.	4 id.	6 id.	8 id.	10 id.

N° 20. **Tribunaux correc**
Art. 645. **Tableau de l'application**

(Suite.)

| ARTICLES. | CONDAMNATIONS. | |
DU CODE.	MOTIFS.	ESPÈCES.
304. 305. 310. 311. 312. 313.	Désobéissance. Dégradations. Destructions.	Emprisonnement { Emprisonnement { Travaux publics.
320. 326.	Dilapidations.	Réclusion. Travaux forcés. Amende. Dégradation mil.
308. 309.	Effets militaires { En gage. Distraction Vente.	{ Prison. Travaux publics.
304. 305.	Evasions. { Négligences. Connivences.	Emprisonnement { Réclusion. Travaux publics.
322.	Extorsions { De signatures, d'actes, titres, écrits, pièces, denrées, effets.	Travaux forcés. Dégradation mil.
314. 315. 316. 333.	Faux commis { En service. — écriture. — administ. — poids mes. — témoign.	{ Réclusion. Travaux forcés. Dégradation mil.
320. 321. 325. 326.	Fournitures { Fraudes. Infidélités. Retards. Interruptions. Détournemens Suspensions.	{ Emprisonnement Amende. { Réclusion. Amende.
296. 297.	Homicide involontaire.	{ Emprisonnement Amende.
301. 302.	Infraction aux lois, réglem.	Emprisonnement

tionnels militaires.

des Peines de leur compétence.

(Suite.)

PIED DE PAIX.				PIED DE GUERRE.			
Minimum.	DEGRÉS.		Maximum.	Minimum.	DEGRÉS.		Maximum.
	Atténuans	Aggravans			Atténuans	Aggravans	
3 m.	6 m.	9 m.	1 an.	1 an.	2 ans.	3 ans.	5 ans.
6 id.	1 an.	2 ans.	3 id.	2 id.	3 id.	4 id.	6 id.
2 ans.	3 id.	4 id.	5 id.	3 id.	5 id.	7 id.	8 id.
3 id.	4 id.	5 id.	6 id.	4 id.	6 id.	8 id.	10 id.
3 id.	4 id.	5 id.	6 id.	4 id.	6 id.	8 id.	10 id.
500 fr.	— Plus : Restitution.			1000 f.	— Plus : Restitution.		
»	»	»	»	»	»	»	»
3 m.	6 m.	1 an.	2 ans.	6 m.	1 an.	2 ans.	4 ans.
2 ans.	3 ans.	4 id.	5 id.	3 ans.	5 id.	7 id.	8 id.
3 m.	6 m.	1 id.	2 id.	6 m.	1 id.	2 id.	4 id.
2 ans.	3 ans.	4 id.	5 id.	3 ans.	5 id.	7 id.	8 id.
3 id.	4 id.	5 id.	6 id.	4 id.	5 id.	6 id.	8 id.
2 id.	3 id.	4 id.	5 id.	3 id.	5 id.	7 id.	9 id.
»	»	»	»	»	»	»	»
2 ans.	3 ans.	4 ans.	5 ans.	3 ans.	5 ans.	7 ans.	9 ans.
3 id.	4 id.	5 id.	6 id.	4 id.	6 id.	8 id.	10 id.
»	»	»	»	»	»	»	»
3 m.	6 m.	1 an.	2 ans.	6 m.	1 an.	2 ans.	4 ans.
100 fr.	Reprise des torts 1/4.			500 fr.	Reprise des torts 1/4.		
2 ans.	3 ans.	4 ans.	5 ans.	3 ans.	5 ans.	7 ans.	9 ans.
200 fr.	Reprise des torts 1/4.			1000 f.	Reprise des torts 1/4.		
3 m.	6 m.	1 an.	2 ans.	6 m.	1 an.	2 ans.	4 ans.
20 fr.	50 fr.	100 fr.	200 fr.	50 fr.	100 fr.	200 fr.	500 fr.
3 m.	6 m.	1 an.	2 ans.	6 m.	1 an.	2 ans.	4 ans.

N° 30.
Art. 645.

Tribunaux correc
Tableau de l'application

(Suite.)

ARTICLES DU CODE.	CONDAMNATIONS.	
	MOTIFS.	ESPÈCES.
232 à 260.	Insoumission au service.	Costume pénal.
379 à 387.		
303 à 305.	Insubordination simple.	Emprisonnement Prison.
289 à 293.	Insultes. Hors du service.	Travaux publics.
	Menaces. Dans le service.	Travaux publics. Boulet.
304. 305.	Juges absens, sans excuse.	Emprisonnement
320. 321.	Malversations.	Réclusion. Travaux forcés.
322. 337.	Maraude armée.	Détention. Travaux publics.
319.	Mariage sans autorisation.	Prison. Destitution.
321. 326.	Mélanges prohibés, nuisibles.	Réclusion. Travaux forcés.
304. 305. 339.	Mouvements de troupes sans ordres.	Prison. Destitution.
330. 331. 332.	Officiers de santé. Faux rapports. — certificats. Dons, prés. reçus.	Emprisonnement Réclusion. Destitution.
330. 335.	Partialité pour ou contre.	Emprisonnement Dégradation.
338. 339.	Peines arbitraires pour délits.	Réclusion. Destitution.
322. 337.	Pillage simple individuel.	Réclusion. Travaux publics.
315. 320. 327. 329.	Prévarications. d'arrêtés, contrôl. gestions, mandats, ordonnancemens, retenues.	Réclusion. Travaux forcés. Destitution.

tionnels militaires.

des Peines de leur compétence.

(Suite.)

PIED DE PAIX.				PIED DE GUERRE.			
Minimum.	DEGRÉS.		Maximum.	Minimum.	DEGRÉS.		Maximum.
	Atténuans	Aggravans			Atténuans	Aggravans	
7 ans.	»	»	7 ans.	7 ans.	»	»	7 ans.
3 m.	6 m.	1 an.	2 id.	6 m.	1 an.	2 an.	3 id.
6 id.	8 id.	1 id.	2 id.	1 an.	2 id.	3 id.	4 id.
2 ans.	3 ans.	4 id.	5 id.	3 id.	4 id.	5 id.	6 id.
3 id.	4 id.	5 id.	6 id.	4 id.	5 id.	6 id.	7 id.
3 id.	4 id.	5 id.	6 id.	4 id.	6 id.	8 id.	10 id.
3 m.	4 m.	5 m.	6 m.	4 m.	6 m.	8 m.	1 id.
2 ans.	3 ans.	4 ans.	5 ans.	3 ans.	4 ans.	5 ans.	6 id.
3 id.	4 id.	5 id.	6 id.	4 id.	6 id.	8 id.	10 id.
2 id.	3 id.	4 id.	5 id.	3 id.	5 id.	7 id.	9 id.
3 id.	4 id.	5 id.	6 id.	4 id.	6 id.	8 id.	10 id.
6 m.	1 id.	2 id.	3 id.	1 id.	2 id.	3 id.	4 id.
»	»	»	»	»	»	»	»
2 ans.	3 ans.	4 ans.	5 ans.	3 ans.	4 ans.	5 ans.	6 ans.
3 id.	4 id.	5 id.	6 id.	4 id.	6 id.	8 id.	10 id.
6 m.	1 id.	2 id.	3 id.	1 id.	2 id.	3 id.	4 id.
»	»	»	»	»	»	»	»
1 an.	2 ans.	3 ans.	4 ans.	2 ans.	3 ans.	4 ans.	5 ans.
3 id.	4 id.	5 id.	6 id.	4 id.	5 id.	6 id.	8 id.
»	»	»	»	»	»	»	»
1 an.	2 ans.	3 ans.	4 ans.	2 ans.	3 ans.	4 ans.	5 ans.
»	»	»	»	»	»	»	»
3 ans.	4 ans.	5 ans.	6 ans.	4 ans.	6 ans.	8 ans.	10 ans.
»	»	»	»	»	»	»	»
2 ans.	3 ans.	4 ans.	5 ans.	3 ans.	4 ans.	5 ans.	6 ans.
3 id.	4 id.	5 id.	6 id.	4 id.	5 id.	6 id.	8 id.
2 id.	3 id.	4 id.	5 id.	3 id.	4 id.	5 id.	6 id.
3 id.	4 id.	5 id.	6 id.	4 id.	6 id.	8 id.	10 id.
»	»	»	»	»	»	»	»

N° 20.
Art. 645.

Tribunaux correc
Tableau de l'application

(Suite.)

ARTICLES. DU CODE.	CONDAMNATIONS.		
	MOTIFS.		**ESPÈCES.**
291. 292. 293.	Rébellion	Isolée. Sans armes. Avec armes. En troupe.	Emprisonnement Réclusion. Réclusion, Travaux forcés.
304. 305.	Refus pour une exécution.		Travaux publics. Boulet.
324. 329.	Réquisitions arbitraires.		Emprisonnement Réclusion.
304. 305.	Résidence à l'étranger en paix		Destitution.
324. 327.	Reten. illicites de fonds, solde		Réclusion.
298. 299.	Sentinelle	Relevée induem.	Emprisonnement Travaux publics.
		Endormie.	Emprisonnement Travaux publics. Boulet.
326. 327.	Spéculations illicites.		Dégradation mil.
314. 317.	Soustrac- tion.	de cachets, timbres	Détention.
		d'actes, de titres.	Dégradation.
324. 334.	Subornation de tém. au corr.		Travaux forcés.
326. 328.	Substitu- tions.	Valeurs, espèces. monnaies, fonds, denrées, effets.	Emprisonnement Réclusion. Travaux forcés.
304. 305.	Témoins faisant défaut.		Emprisonnement
324. 327.	Trafics d'usure, crédit, fonds.		Réclusion.
314. 318.	Usurpation	D'uniformes. De décorations.	Emprisonnement Destitution.
300 à 302.	Violation	De consigne. De sauve-garde.	Emprisonnement Travaux publics.
289. 291. 296. 297.	Violences d'armes.	Sans ordres. Sans nécessité. Hors la loi.	Selon les suites. Dégradation mil.

tionnels militaires.

des Peines de leur compétence.

(Suite.)

| PIED DE PAIX. | | | | PIED DE GUERRE. | | | |
| Minimum. | DEGRÉS. | | Maximum. | Minimum. | DEGRÉS. | | Maximum. |
	Atténuans	Aggravans			Atténuans	Aggravans	
3 m.	6 m.	1 an.	2 ans.	6 m.	1 an.	2 ans.	4 ans.
2 ans.	3 ans.	4 id.	5 id.	5 ans.	4 id.	5 id.	6 id.
3 id.	4 id.	5 id.	6 id.	4 id.	6 id.	8 id.	10 id.
3 id.	4 id.	5 id.	6 id.	4 id.	6 id.	8 id.	10 id.
2 id.	3 id.	4 id.	5 id.	3 id.	4 id.	5 id.	6 id.
3 id.	4 id.	5 id.	6 id.	4 id.	5 id.	6 id.	7 id.
1 id.	2 id.	3 id.	4 id.	2 id.	3 id.	4 id.	5 id.
2 id.	3 id.	4 id.	5 id.	3 id.	5 id.	7 id.	9 id.
»	»	»	»	»	»	»	»
2 ans.	3 ans.	4 ans.	5 ans.	3 ans.	4 ans.	5 ans.	6 ans.
6 m.	1 id.	2 id.	3 id.	1 id.	2 id.	3 id.	4 id.
2 ans.	3 id.	4 id.	5 id.	3 id.	4 id.	6 id.	8 id.
6 m.	1 id.	2 id.	3 id.	1 id.	2 id.	4 id.	6 id.
»	»	»	»	2 id.	4 id.	6 id.	8 id.
»	»	»	»	3 id.	5 id.	7 id.	9 id.
»	»	»	»	»	»	»	»
1 an.	2 ans.	3 ans.	4 ans.	2 ans.	3 ans.	4 ans.	5 ans.
»	»	»	»	»	»	»	»
2 ans.	3 ans.	4 ans.	5 ans.	3 ans.	5 ans.	7 ans.	9 ans.
6 m.	1 id.	2 id.	3 id.	1 id.	2 id.	3 id.	4 id.
2 ans.	3 id.	4 id.	5 id.	3 id.	5 id.	7 id.	9 id.
3 id.	4 id.	5 id.	6 id.	4 id.	6 id.	8 id.	10 id.
3 m.	4 m.	6 m.	1 id.	6 m.	1 id.	2 id.	3 id.
2 ans.	3 ans.	4 ans.	5 id.	3 ans.	5 id.	7 id.	9 id.
6 m.	1 id.	2 id.	3 id.	1 id.	2 id.	3 id.	4 id.
»	»	»	»	»	»	»	»
3 m.	6 m.	1 an.	2 ans.	6 m.	1 an.	2 ans.	3 ans.
2 ans.	3 ans.	4 id.	5 id.	3 ans.	5 id.	7 id.	8 id.
Maximum.				Maximum.			
»	»	»	»	»	»	»	»

N° 20. **Tribunaux correc**

Art. 645. Tableau de l'application

(Suite).

ARTICLES DU CODE.	CONDAMNATIONS.	
	MOTIFS.	ESPÈCES.
294 à 296.	Voies de fait. { De la part d'offic. d'hom. de troupe.	Destitution, Boulet.
306. 307.	Vols { Militaires { D'effets, d'arm. / D'argent, chev. / Objets de serv. / Officiers plus.	Emprisonnement / Réclusion. / Travaux forcés, / Destitution.
	Civils. { Sans violences. / — effraction. / — escalade. / — fauss. clés.	Emprisonnement / Réclusion. / Travaux forcés. / Dégradation.

N° 21. **Cour**

Art. 645. Tableau de l'application

ARTICLES DU CODE.	CONDAMNATIONS.	
	MOTIFS.	ESPÈCES.
298. 304. 305.	Abandon de poste à l'enn. { Hors sa prés. En sa présence	Travaux publics. Mort.
57. 336. 338. 339.	Abus de pouvoir, d'autorité.	Destitution. Dégradation,
345. 347.	Actes de barbarie. Assassinats, tortures. Attentats aux mœurs.	Travaux forcés. — à perpétuité. Mort.

tionnels militaires.

des Peines de leur compétence.

(Suite.)

| PIED DE PAIX. | | | | PIED DE GUERRE. | | | |
| Minimum. | DEGRÉS. | | Maximum. | Minimum. | DEGRÉS. | | Maximum. |
	Atténuans	Aggravans			Atténuans	Aggravans	
»	»	»	»	»	»	»	»
2 ans.	3 ans.	4 ans.	5 ans.	3 ans.	5 ans.	7 ans.	9 ans.
1 id.	2 id.	3 id.	4 id.	2 id.	3 id.	4 id.	5 id.
3 id.	5 id.	7 id.	9 id.	5 id.	7 id.	9 id.	12 id.
4 id.	6 id.	8 id.	10 id.	6 id.	9 id.	12 id.	15 id.
»	»	»	»	»	»	»	»
3 m.	4 m.	5 m.	6 m.	6 m.	1 an.	2 ans.	3 ans.
2 ans.	4 ans.	6 ans.	8 ans.	3 ans.	5 id.	7 id.	9 id.
3 id.	6 id.	8 id.	10 id.	4 id.	6 id.	9 id.	12 id.
»	»	»	»	»	»	»	»

martiales.

des Peines de leur compétence.

| PIED DE PAIX. | | | | PIED DE GUERRE. | | | |
| Minimum. | DEGRÉS. | | Maximum. | Minimum. | DEGRÉS. | | Maximum. |
	Atténuans	Aggravans			Atténuans	Aggravans	
»	»	»	»	4 ans.	6 ans.	8 ans.	10 ans.
»	»	»	»	»	»	»	Mort.
»	»	»	»	»	»	»	»
»	»	»	»	»	»	»	»
10 ans.	15 ans.	20 ans.	25 ans.	15 ans.	20 ans.	25 ans.	30 ans.
»	»	»	»	»	»	»	»
»	»	»	Mort.	»	»	»	Mort.

N° 21.

Art. 645.

Cours

Tableau de l'application

(Suite.)

ARTICLES DU CODE.	CONDAMNATIONS.	
	MOTIFS.	ESPÈCES.
348 à 354. 357 à 359.	Capitulat. de place, de troupe	Emprisonnement Destitution. Mort.
359. 357.	Commandem. pris ou retenu.	Emprisonnement Destitution. Mort.
343. 344.	Conspiration.	Réclusion. Travaux forcés. — à perpétuité. Mort.
283. 284. 285. 286. 287. 288.	Désertion au dehors. A l'étranger. A l'ennemi. Avec armes, eff. En service. En faction.	Travaux publics. Boulet. Destitution. Dégradation. Mort.
310. 311. 312. 313.	Dégradations Destructions D'édifices, Ouvrages, Magasins, Propriétés, Objets milit.	Emprisonnement Travaux publics. Boulet. Réclusion. Dégradation. Mort.
336. 337.	Dépouillement d'un blessé, d'un prisonnier.	Travaux forcés.
345. 346.	Empoisonnement d'hommes, de chevaux.	Réclusion. Travaux forcés. Mort.
336. 341. 336. 340.	Embauchage. Espionnage.	Réclusion. Dégradation. Mort.
304. 305.	Evasions Favorisées par bris Exécutées par arm.	Emprisonnement Travaux forcés.

martiales.

des Peines de leur compétence.

(Suite.)

| PIED DE PAIX. | | | | PIED DE GUERRE. | | | |
| Minimum. | DEGRÉS. | | Maximum. | Minimum. | DEGRÉS. | | Maximum. |
	Atténuans	Aggravans			Atténuans	Aggravans	
1 an.	2 ans.	3 ans.	4 ans.	3 ans.	5 ans.	7 ans.	9 ans.
»	»	»	»	»	»	»	»
»	»	»	Mort.	»	»	»	Mort.
2 ans.	3 ans.	4 ans.	5 ans.	3 ans.	5 ans.	7 ans.	9 ans.
»	»	»	»	»	»	»	»
»	»	»	Mort.	»	»	»	Mort.
3 ans.	5 ans.	7 ans.	9 ans.	5 ans.	10 ans.	20 ans.	30 ans.
5 id.	10 id.	15 id.	20 id.	10 id.	20 id.	30 id.	50 id.
»	»	»	»	»	»	»	»
»	»	»	Mort.	»	»	»	Mort.
5 ans.	8 ans.	10 ans.	12 ans.	8 ans.	10 ans.	12 ans.	15 ans.
6 id.	9 id.	12 id.	15 id.	9 id.	12 id.	15 id.	20 id.
»	»	»	»	»	»	»	»
»	»	»	»	»	»	»	»
»	»	»	Mort.	»	»	»	Mort.
5 ans.	8 ans.	12 ans.	15 ans.	10 ans.	15 ans.	20 ans.	25 ans.
3 id.	5 id.	7 id.	9 id.	5 id.	8 id.	10 id.	15 id.
4 id.	6 id.	8 id.	10 id.	6 id.	10 id.	15 id.	20 id.
5 id.	10 id.	15 id.	20 id.	10 id.	20 id.	30 id.	50 id.
»	»	»	»	»	»	»	»
»	»	»	Mort.	»	»	»	Mort.
2 ans.	3 ans.	4 ans.	5 ans.	6 ans.	8 ans.	10 ans.	15 ans.
5 id.	10 id.	15 id.	20 ans.	10 id.	20 id.	30 id.	40 id.
10 id.	15 id.	20 id.	Perpét.	20 id.	30 id.	40 id.	Perpét.
»	»	»	Mort.	»	»	»	Mort.
15 ans.	20 ans.	25 ans.	30 ans.	20 ans.	30 ans.	40 ans.	50 ans.
»	»	»	»	»	»	»	»
»	»	»	Mort.	»	»	»	Mort.
5 ans.	10 ans.	15 ans.	20 ans.	10 ans.	15 ans.	20 ans.	25 ans.
8 id.	12 id.	20 id.	25 id.	15 id.	20 id.	30 id.	40 id.

(Suite.)

ARTICLES DU CODE.	CONDAMNATIONS.	
	MOTIFS.	ESPÈCES.
337.	Extorsions en troupes.	Réclusion. Travaux forcés. Mort.
333. 334.	Faux témoignage au criminel	Travaux forcés. Talion capital.
345. 347.	Homicide volontaire, meurtre.	Travaux forcés. Mort.
342. 344.	Insubordination devant l'ennemi.	Travaux publics. Boulet. Dégradation. Mort.
337.	Maraude en troupe.	Travaux forcés. Mort.
338.	Peines arbitraires au criminel.	Emprisonnement. Destitution. Dégradation. Mort.
337.	Pillage en troupe, en armes.	Réclusion. Travaux forcés. Mort.
348. 349. 352. 353. 354. 357.	Place { Sans défense, assaut. livrée { A part de la garnison. Prolongation d'hostilités.	Réclusion. Dégradation. Mort.
291. 292. 293.	Rebellion, émeute, sédition.	Travaux forcés. Mort.
343. 344.	Révolte en troupe, en armes.	Boulet. Mort.
298. 299.	Sentinelle { Relevée, endorm. à l'ennemi. { Absente, en fuite.	Emprisonnement. Travaux publics. Boulet. Mort.

martiales.

des Peines de leur compétence.

(Suite.)

PIED DE PAIX				PIED DE GUERRE			
Minimum.	Atténuans.	Aggravans.	Maximum.	Minimum.	Atténuans.	Aggravans.	Maximum.
5 ans.	8 ans.	12 ans.	15 ans.	10 ans.	15 ans.	20 ans.	25 ans.
10 id.	15 id.	20 id.	25 id.	15 id.	25 id.	40 id.	50 id.
»	»	»	Mort.	»	»	»	Mort.
10 ans.	15 ans.	20 ans.	25 ans.	20 ans.	30 ans.	40 ans.	50 ans.
— La peine du condamné.				— La peine du condamné.			
10 ans.	20 ans.	30 ans.	Perpét.	20 ans.	40 ans.	60 ans.	Perpét.
»	»	»	Mort.	»	»	»	Mort.
»	»	»	»	8 ans.	10 ans.	12 ans.	15 ans.
»	»	»	»	10 id.	12 id.	15 id.	20 id.
»	»	»	»	»	»	»	»
»	»	»	»	»	»	»	Mort.
5 ans.	10 ans.	15 ans.	20 ans.	10 ans.	20 ans.	30 ans.	50 ans.
»	»	»	Mort.	»	»	»	Mort.
— Les peines des condamnés.				— Les peines des condamnés.			
5 ans.	10 ans.	15 ans.	20 ans.	10 ans.	20 ans.	30 ans.	50 ans.
10 id.	15 id.	20 id.	30 id.	20 id.	30 id.	40 id.	Perpét
»	»	»	Mort.	»	»	»	Mort.
5 ans.	10 ans.	15 ans.	20 ans.	10 ans.	20 ans.	30 ans.	Perpét.
»	»	»	»	»	»	»	»
»	»	»	Mort.	»	»	»	Mort.
10 ans.	15 ans.	20 ans.	30 ans.	20 ans.	30 ans.	40 ans.	Perpét.
»	»	»	Mort.	»	»	»	Mort.
4 ans.	8 ans.	10 ans.	12 ans.	5 ans.	10 ans.	15 ans.	20 ans
»	»	»	Mort.	»	»	»	Mort.
»	»	»	»	3 ans.	5 ans.	10 ans.	15 ans.
»	»	»	»	5 id.	8 id.	12 id.	15 id.
»	»	»	»	6 id.	10 id.	15 id.	20 id.
»	»	»	»	»	»	»	Mort.

N° 21.
Art. 645.

Cours
Tableau de l'application

(Suite.)

ARTICLES. DU CODE.	CONDAMNATIONS.	
	MOTIFS.	ESPÈCES.
333. 334.	Subornation de témoins au criminel.	Détention. Travaux forcés. Dégradation. Mort.
355. 356. 357. 358.	Trahison.	Travaux forcés. Déportation. Dégradation. Mort.
301. 302.	Violations de consigne devant l'ennemi.	Travaux publics. Boulet. Dégradation. Mort.
295. 296. 297. 300. 357.	Violences d'armes à l'ennemi. Aux sentinelles. — habitans. — prisonniers. Neutres ou alliés.	Détention. Travaux publics. Dégradation. Mort.
291 à 297. 357.	Voies de fait en guerre. Hors du service. En service. De guet-à-pens.	Travaux publics. Boulet. Détention. Mort.

martiales.

des Peines de leur compétence.

(Suite.)

PIED DE PAIX.				PIED DE GUERRE.			
Minimum.	DEGRÉS.		Maximum.	Minimum.	DEGRÉS.		Maximum.
	Atténuans	Aggravans			Atténuans	Aggravans	
5 ans.	10 ans.	15 ans.	20 ans.	10 ans.	20 ans.	3o ans.	5o ans.
6 id.	12 id.	18 id.	24 id.	15 id.	24 id.	4o id.	Perpét.
»	»	»	»	»	»	»	»
»	»	»	Mort.	»	»	»	Mort.
8 ans.	10 ans.	15 ans.	20 ans.	10 ans.	20 ans.	3o ans.	Perpét.
»	»	»	»	»	»	»	»
»	»	»	»	»	»	»	»
»	»	»	Mort.	»	»	»	Mort.
»	»	»	»	5 ans.	8 ans.	10 ans.	15 ans.
»	»	»	»	8 id.	12 id.	15 id.	20 id.
»	»	»	»	»	»	»	»
»	»	»	»	»	»	»	Mort.
»	»	»	»	10 ans.	15 ans.	20 ans.	25 ans.
»	»	»	»	12 id.	18 id.	24 id.	3o id.
»	»	»	»	»	»	»	»
»	»	»	»	»	»	»	Mort.
»	»	»	»	8 ans.	10 ans.	15 ans.	20 ans.
»	»	»	»	10 id.	15 id.	20 id.	25 id.
»	»	»	»	12 id.	18 id,	24 id.	3o id.
»	»	»	»	»	»	»	Mort.

N° 22. **Applications générales de Peines**

Art. 645.   disciplinaires, correctionnelles et criminelles.

ARTICLES DU CODE.	ESPÈCES DE CULPABILITÉ.	PIED DE GUERRE ET PIED DE PAIX.
287. 293.	Chefs de complots { de délits. de poste. de troup. }	Maximum des peines relatives.
421 à 435. 635.	Complices reconnus	Les peines mêmes des auteurs.
436 à 445. 675 à 689.	Contumax. Défaut fait.	Maximum des peines relatives.
523. 635.	Détenteurs.	Les peines mêmes des auteurs.
504. 679.	Evasion après jug.	Maximum des peines relatives.
421 à 435. 635.	Fauteurs quelconq.	Les peines mêmes des auteurs.
286. 293.	Instigateurs. Provocateurs.	Maximum des peines relatives.
323. 635.	Recéleurs.	Les peines mêmes des auteurs.
651. 653.	Récidives. { de délits. — désord. — fautes. }	Maximum des peines relatives.

Modifications rationnelles.

Espèces et Motifs.	Code pénal militaire et civil.
Action civile inviolable. .	82. 1001. » » » » »
Circonstances atténuantes.	636. 637. » » » » »
Conflit de compétence. .	19. 748. 767. » » » » »
Etrangers.	13. 84. 85. » » » » »
Excuses admissibles. . . .	636. 637. - Code civil, 321. 322. 326.
Guet-à-pens.	624. 634. » » » » »
Inculpabilité.	50. 51. - Code civil, 227. 328. 329.
Modifications de peines. .	768 à 785. » » » » »
Préméditation.	632. 633. » » » » »
Prise à partie.	80. 81. » » » » »
Recours en grâce. . . .	83. 777 à 785. » » » » »
Substitutions de peines. .	11. 62. 648. 649. 652. 653.
Sursis d'exécution. . . .	639. 640. 756. 740. 743. 745. 778.
Tentatives.	631. 632. » » » » »

CODE
de
JUSTICE MILITAIRE.

LIVRE IV.
De l'Exécution.

TITRE I.
RÉPRESSIONS DE DISCIPLINE.

CHAPITRE I.
Salles de Police.

Art. 793. Lorsque par suite d'un avis de Conseil de discipline approuvé, il y a lieu pour un Sous-Officier, pour un caporal, un brigadier ou soldat de toutes armes, ainsi que pour les individus des mêmes assimilations, à la peine de correction intérieure dite *Salle de Police*, le prévenu est saisi et mené avec égards au lieu de sa détention temporaire.

Art. 794. En paix et en guerre, les Salles de Police sont placées sous la surveillance du Commandant de la Garde de chaque jour.

Elles sont établies de manière qu'il y en ait toujours de destinées à part pour les Sous-Officiers.

Art. 795. Tout détenu à la Salle de Police ne peut y avoir ses armes; il conserve ses habits habituels, et reste dans la tenue ordinaire intérieure, mais en bonnet de police.

Aucun objet d'échange de vêtemens, aucune espèce de signe particulier ou d'humiliation ne peut lui être imposé.

Art. 796. Quelle que soit la position des troupes, les Salles de Police doivent être garnies de demi-fournitures de couchage ou du moins de paille, et contenir les ustensiles convenables à la propreté des détenus.

Art. 797. Il est commandé des hommes de corvée pour les soins de salubrité intérieure, et chaque ordinaire est chargé de pourvoir, deux fois par jour, à la nourriture des hommes qui en font partie.

Art. 798. Les demi-fournitures de couchage ou la paille de remplacement sont entretenues ou renouvelées aux époques les plus convenables, d'après l'inspection des Officiers de semaine et celle des Officiers de la Place.

A cet égard, comme pour les subsistances et les vêtemens, la surveillance est un devoir de chaque jour; tout Officier de service est tenu d'y satisfaire et d'en rendre compte, soit aux Chefs de corps, soit aux Officiers commandans.

Art. 799. Quand il y a marche ou déplacement à l'intérieur, les hommes détenus à la Salle de Police et confiés à l'arrière-garde, ne peuvent être assujétis à des contraintes autres que celles d'une surveillance attentive, ni se voir forcés à retourner leurs uniformes, à porter des costumes ou des signes particuliers et arbitraires.

Art. 800. Chaque jour, à la garde montante, les Sous-Officiers de service chargés de la responsabilité des fournitures et ustensiles des Salles de Police, doivent, avant de prendre ou de remettre le poste, s'assurer de la présence des détenus, de leurs réclamations et de l'état du mobilier mis à leur usage.

Art. 801. Il est formellement interdit aux Sous-Officiers et soldats condamnés à la Salle de Police, de fumer, de se faire apporter d'autres alimens que ceux de l'ordinaire, et de se livrer à aucuns jeux, à aucunes distractions bruyantes.

La punition qui leur est infligée entraine, pour peine essentielle, la privation de leurs habitudes et la rigueur du silence.

CHAPITRE II.

Garde du Camp.

ART. 802. A l'armée, en campagne, la garde du camp représente la Salle de Police pour les Sous-Officiers et soldats, ainsi que pour tous autres individus des mêmes assimilations.

ART. 803. Tout homme de troupe ou considéré comme tel, par jugement d'une Prévôté d'armée, est saisi sans violence, à moins de résistance ouverte, et mené à la garde du camp pour y subir le tems de sa répression disciplinaire.

ART. 804. La tente qui sert, en campagne, de garde du camp ou de Salle de Police, n'a pour fourniture de couchage que la paille.

Elle est installée de manière qu'une partie soit pour les Sous-Officiers, et l'autre, pour les soldats ou assimilés.

ART. 805. Autant que possible, à l'armée comme à l'intérieur, il doit n'y avoir aucune communication entre les Sous-Officiers et soldats détenus à la garde du camp.

ART. 806. Chaque tente de police ou chaque partie séparée, est pourvue aussi des ustensiles nécessaires à la propreté des détenus.

Ils font eux-mêmes, sous la surveillance de la garde, les corvées de cette propreté, toutes fois et quantes.

ART. 807. Les Sous-Officiers et soldats condamnés à la garde du camp, reçoivent de leurs corps les alimens, du régime des pensions ou des ordinaires, comme à l'intérieur, et sont soumis aux mêmes retenues de solde.

Art. 808. Si des militaires condamnés à la garde du camp, n'appartiennent pas à un corps de troupes de l'arrondissement d'une Prévôté, ils sont mis en subsistance dans celui qui est le plus voisin, et entretenus comme s'ils lui appartenaient.

Art. 809. Dans la même position, en campagne, lorsque des individus condamnés à la garde du camp ne sont pas militaires, et se trouvent sans moyens d'existence par eux-mêmes, l'administration générale de l'armée reste chargée de faire pourvoir à leur nourriture et à leur entretien, par des distributions de vivres et d'effets des magasins.

Art. 810. La condamnation à la garde du camp, quels que soient les détenus et leur régime alimentaire, entraînera toujours à leur égard, l'obligation de n'avoir pour boisson que de l'eau.

Art. 811. À l'armée, les Auditeurs près les Prévôtés de chaque ressort, les Officiers de garde et de service du camp, sont mutuellement chargés de surveiller la tenue des tentes et des hommes en répression, ainsi que le régime des fournitures et des alimens.

Art. 812. Quel que soit du reste le lieu de détention adopté en campagne pour *garde du camp*, toutes les précautions ordonnées à l'égard des Salles de Police à l'intérieur, doivent être maintenues plus sévèrement encore, en ce qui concerne la paix, le silence, la défense du feu et de tous jeux, la privation des habitudes de la pipe et de tous alimens autres que ceux du régime de prison.

CHAPITRE III.

Arrêts simples et de rigueur.

Art. 813. Un Officier qui, pour raisons de discipline, a été condamné aux arrêts simples, doit garder la chambre, recevant ou ne recevant personne, selon qu'il en a été ordonné.

Du reste, dans cette position, il n'est exempt d'aucun service.

Art. 814. Les arrêts de rigueur obligent l'Officier à remettre son épée et à payer la sentinelle qui veille à sa porte, s'il en a été placé une par suite de la condamnation.

Il est exercé sur la solde de tout Officier qui subit des arrêts de rigueur avec sentinelle, une retenue journalière du cinquième, au profit de l'ordinaire de la compagnie de service.

Art. 815. Quand un Officier condamné aux arrêts de rigueur a dû remettre son épée, elle est portée chez le Colonel du corps ou chez l'Officier le plus élevé en grade.

S'il s'agit d'un Officier supérieur sans troupe ou d'un Officier-général, ou d'un fonctionnaire des mêmes assimilations, l'ordre de notification indique à qui la remise de l'épée devra être faite.

Art. 816. Lorsque des arrêts simples ou de rigueur sont dans le cas d'être notifiés verbalement à un Officier puni de ces répressions disciplinaires, ils ne peuvent l'être que par un Officier d'un grade supérieur ou plus ancien de grade.

Art. 817. Dès que la punition d'arrêts simples ou de rigueur a été infligée par suite d'une décision ministérielle, aucun pouvoir autre ne peut ni les augmenter, ni en abréger la durée, ni les faire cesser.

Art. 818. Tout Officier ou fonctionnaire de même assimilation qui a subi un tems quelconque d'arrêts, doit à leur expiration, se présenter devant l'autorité qui lui en avait notifié la punition et mettre dans cet acte de discipline, toute la décence convenable.

Art. 819. Si l'autorité militaire devant laquelle est tenu de se présenter un Officier ou fonctionnaire sortant des arrêts, est celle qui a eu le dépôt de son épée, il la reçoit de ses mains, et dans le cas où elle y ajouterait une admonition particulière sur un meilleur service ou de nouveaux titres à une conduite désormais irréprehensible, il devra l'entendre avec calme et déférence.

Art. 820. Un Officier d'un grade supérieur ou du moins égal à celui de l'Officier ou du fonctionnaire militaire sortant des arrêts, peut être présent à la visite due à l'autorité qui les avait notifiés , mais il ne doit jamais s'y trouver de grades inférieurs.

Art. 821. Lorsque l'intérêt de la discipline l'exige , ou que la notification de l'autorité supérieure l'a prescrit. la punition des arrêts simples ou de rigueur est mise à l'ordre du jour.

Art. 822. Tout Officier ou fonctionnaire militaire, condamné à des arrêts de rigueur mis à l'ordre du jour, est rayé , pour l'année , du tableau d'avancement.

CHAPITRE IV.

Compagnies de correction.

Art. 823. Dès qu'un homme de troupe doit subir la répression de ses désordres ou de ses fautes, dans une compagnie de discipline, l'ordre lui en est notifié, et de ce moment, il est mis à la disposition de la gendarmerie.

Art. 824. Le Ministre secrétaire d'Etat de la Guerre a toujours désigné à l'avance les compagnies pour les quelles les condamnés de chaque division territoriale ou d'armée doivent être mis en route, selon la nature de leur correction.

Art. 825. Comme les compagnies de discipline se distinguent en compagnies de fusiliers et de pionniers , et que l'envoi aux premières indique des désordres ou des fautes moins graves, la décision pénale porte formellement l'indication de la compagnie de l'une ou de l'autre formation que les condamnés devront rejoindre.

Art. 826. Après la notification de l'ordre de départ, les hommes sont amenés sur le front de leur compagnie, ou dans le cas d'éloignement de leur corps, sur le front des troupes de garde, et là, s'il se trouve parmi eux des

Sous-Officiers, des caporaux, des brigadiers ou des soldats d'élite et de différentes classes, les insignes de leurs grades, emplois ou rangs, leur sont retirés comme ayant désormais perdu tout droit à les porter.

Art. 827. Lors du départ, il n'est laissé aux hommes dirigés sur les compagnies de discipline, que les effets de l'uniforme de leur corps, indispensables pour la route, et sous la réserve que le renvoi lui en sera fait, ou qu'ils seront remis au corps le plus voisin pour en compter en recette extraordinaire à sa décharge.

Art. 828. Tout homme condamné aux compagnies de corrections, est conduit à sa destination par la gendarmerie, de brigade en brigade, avec des égards pour sa marche et en pleine liberté, à moins de résistance, de mauvais vouloir ou d'insultes.

Dans l'un de ces cas, les circonstances de la rigueur. adoptée, quelle qu'elle soit, sont désignées sur l'ordre de route, et il en est fait un rapport spécial.

Art. 829. A l'arrivée, il est fait un examen des signalemens de chaque condamné et des circonstances de sa conduite; son incorporation a lieu immédiatement et toutes les peines de discipline lui sont applicables de ce moment, selon ses torts et ses récidives en route.

Art. 830. Chaque compagnie de correction a son placement à part dans une forteresse, citadelle ou place fermée.

Le service y est réglé sous la garantie des plus rigoureuses consignes militaires, pour l'armement, les exercices, le travail et la sûreté de jour et de nuit.

Art. 831. Néanmoins on ne peut exiger des hommes condamnés aux compagnies de discipline, d'autres sujétions ou leur imposer d'autres sévérités de surveillance, que celles de l'organisation particulière de chaque compagnie, selon les ordonnances et réglemens dont elle relève spécialement.

Art. 832. Attendu que les compagnies de pionniers reçoivent les hommes qu'ont fait condamner des désordres ou des fautes plus graves, ceux d'entre eux qu'une conduite meilleure et soutenue peut mettre à portée de s'y faire remarquer, deviennent dès lors susceptibles, pour premier adoucissement, de passer dans les compagnies de fusiliers.

Art. 833. Lorsque les mêmes circonstances de retour à de meilleurs sentimens de devoir et de service, font distinguer aussi quelques hommes des compagnies de fusiliers, il peut être fait pour eux des propositions de rentrée dans les corps de ligne de l'armée, à titre de repentir et d'oubli.

Art. 834. Pendant leur séjour aux compagnies de discipline, si les hommes ont été employés à des travaux emportant un salaire quelconque, il leur en est tenu compte selon les réglemens et les instructions d'admi-nistration intérieure.

Art. 835. Quel que soit le produit laissé à l'avantage d'un condamné disciplinaire, il en est formé une masse individuelle qui lui est remise, comme celle des hommes de troupes de ligne, soit à sa rentrée dans l'armée, soit à l'époque de sa libération du service légal militaire.

CHAPITRE V.

Prison et Cachot.

Art. 836. Autant que possible, les prisons et cachots destinés à la répression des délits de discipline, sont établis, ainsi que les salles de police, dans l'enceinte même des casernes et quartiers, et restent spécialement soumis aussi à la police intérieure des corps.

Art. 837. Lorsqu'il y a nécessité de faire usage des prisons et cachots ordinaires des localités, à défaut de pareils établissemens près le logement des troupes; les Officiers, Sous-Officiers et soldats sont toujours placés de manière à rester sans communication aucune avec les détenus civils.

Art. 838. Soit que les prisons ou cachots militaires se trouvent exister dans l'enceinte des casernes et des quartiers, soit qu'on fasse usage des prisons et cachots

des localités les plus voisines ; les Officiers doivent constamment être installés à part des Sous-Officiers, et les
Sous-Officiers à part des soldats.

Art. 839. L'entrée de chaque individu militaire condamné à la prison ou au cachot, doit être constaté et
certifié au registre de police ou d'écrou, par la signature
de l'Officier, Sous-Officier, chef de poste ou Gendarme
qui aura été chargé de l'y conduire.

Art 840. Tout Officier, condamné à un tems de détention ordinaire par une décision de discipline, se rend
librement à la prison de la caserne ou de la Place,
accompagné par un Adjudant, s'il est Officier d'un
grade inférieur, et par un Adjudant-major, s'il est Officier d'un grade supérieur.

Art. 841. Quand la punition entraîne pour un Officier l'emprisonnement au cachot, il est commandé un
piquet au milieu duquel il marche comme frappé d'une
rigueur plus exemplaire.

Art. 842. La peine de la prison ou du cachot emporte
toujours, pour un Officier, quel que soit son grade, l'o-
bligation de remettre son épée.

On observe dans cette position les formalités prescrites à cet égard pour les arrêts de rigueur.

Art. 843. Dès qu'un Officier ou fonctionnaire militaire de la même assimilation, doit subir la répression
disciplinaire d'un tems plus ou moins long de prison ou
de cachot, la chambre qu'il occupe est garnie du mobilier ordinaire attribué à son grade ou rang dans les
pavillons et quartiers ; il ne peut, en aucun cas, y être
ajouté rien de plus.

Art. 844. Tout renouvellement ou tout rechange de
linge et d'effets, a lieu, quel que soit le grade ou rang,
selon les réglemens du casernement des troupes et les
conditions du traité des lits militaires.

Art. 845. La conduite d'un homme de troupe à la
prison ou au cachot, a toujours lieu sous l'escorte d'une
garde, et avec l'appareil militaire ; les fournitures à lui
faire se règlent selon l'une ou l'autre punition, et selon
son grade, rang ou emploi.

Art. 846. Il y a pour chaque Sous-Officier, dans leur

chambre commune de prison, un lit à une place, avec une paillasse garnie.

Au cachot, ils couchent ensemble sur un lit de camp, garni de paille, à raison de six kilogrammes par détenu.

Art. 847. Les caporaux, brigadiers et soldats condamnés, soit à la prison, soit au cachot, n'ont pour fournitures de couchage que la paille sur un lit de camp, dans la proportion aussi de six kilogrammes par tête.

Art. 848. Tout lit de camp de prison ou de cachot sera toujours placé à une hauteur convenable au-dessus du sol, et dans la partie la mieux abritée.

Art. 849. Quels que soient les emplacemens des prisons et cachots militaires, il est entretenu, pour les Sous-Officiers, caporaux, brigadiers et soldats, indistinctement, un baquet et une cruche à l'eau, dans chaque chambre, ou lieu à part de détention.

Art. 850. Il sera toujours fourni aux hommes de troupe condamnés à la prison ou au cachot pour plus de trois mois, un vieil habillement du magasin des corps ; le renouvellement s'en fera chaque fois qu'il y aura lieu, d'après les inspections.

Art. 851. La paille destinée au couchage des Sous-Officiers, caporaux, brigadiers et soldats, pour les paillasses et lits de camp, sera rechangée toutes les fois aussi que le besoin en sera reconnu et constaté d'après les mêmes inspections de surveillance. Néanmoins la paille des cachots ne pourra être maintenue plus de quinze jours en service.

Art. 852. Quand des hommes de troupe seront détenus dans les prisons et cachots de l'intérieur des casernes ou quartiers, ils recevront leurs repas des pensions ou des ordinaires de leurs compagnies, en y laissant leur prêt.

Art. 853. Dès qu'un condamné militaire, Sous-Officier, caporal, brigadier ou soldat, se trouvera loin de son corps, pour subir un tems quelconque de détention, soit à la prison, soit au cachot, il recevra, chaque jour, d'abord, par les soins des agens comptables des vivres, une ration de pain de munition ; puis, de la part des concierges, les autres alimens déterminés par les abonnemens de gîte et geôlage.

Art. 854. Tout Officier ou fonctionnaire militaire de même assimilation qui est détenu à la prison ou au cachot, reste libre de pourvoir à sa nourriture et à son entretien, au moyen de la portion de solde attribuée à sa position, sans toutefois que le régime d'alimentation puisse sortir des règles d'une tempérance convenable.

Art. 855. Il est au surplus défendu expressément aux gardiens ou concierges des prisons et cachots où sont détenus des hommes de troupe, d'y souffrir ni feu, ni lumière, ni de permettre qu'on y joue, et qu'on y fume.

Art. 856. A cet égard, la surveillance devra être plus rigoureuse encore que pour les salles de police et les gardes-du-camp : la paix et le silence, en tout état de condamnation, soit à la prison, soit au cachot, seront toujours les contraintes les plus essentielles de semblables répressions militaires.

CHAPITRE VI.

Retrait d'emploi et Réforme.

Art. 857. Tout Officier ou fonctionnaire militaire suspendu de son service ou frappé du retrait de son emploi, par suite d'enquête compétente et de décision royale, est mis en non activité, et reçoit le traitement affecté à la réforme, d'après les dispositions de l'article 694.

Art. 858. Lorsque la suspension ou le retrait d'emploi ne doit pas durer plus d'un an, l'Officier ou le fonctionnaire militaire que la décision royale a atteint, attend, dans cette position, un ordre nouveau de service, sans être remplacé.

Art. 859. Dès qu'un militaire de la catégorie d'officier doit subir une suspension ou un retrait d'emploi de plus d'un an, il est immédiatement remplacé dans son corps ou dans sa position et ses fonctions, jusqu'à rappel, s'il y a lieu.

Art. 860. A l'expiration de son tems de suspension

ou de retrait d'emploi, l'Officier ou le fonctionnaire militaire dont la décision royale avait frappé momentanément l'existence par mesure répressive de discipline, rentre de droit à son corps, ou reprend sa première position pour être en pied ou servir à la suite, jusqu'à la première vacance.

Art. 861. Quelle que soit l'occasion d'une première vacance de son grade ou de son emploi, l'Officier ou le fonctionnaire militaire qui a subi le tems de sa suspension, et se trouve placé à la suite, a le droit de jouir aussitôt de son nouveau placement en pied.

Toute première vacance peut même, s'il y a lieu, lui être donnée par anticipation, au titre de la non-activité.

Art. 862. Le tems pendant lequel un Officier ou fonctionnaire militaire a été suspendu ou mis en retrait d'emploi, lui est compté pour la retraite ; mais en aucun cas, pour l'ancienneté de grade ou de fonctions.

Art. 863. Quand une décision royale, sur l'avis d'une Commission d'enquête, a mis à la réforme un Officier ou fonctionnaire militaire resté plus de trois ans en non-activité, ou frappé d'un emprisonnement judiciaire de plus de six mois, sa position nouvelle l'exclut de tout retour au service, et dans ce cas, il attend le terme de son traitement de réforme, ou l'époque de son passage à la retraite, conformément à l'article 695.

Art. 864. Quel que soit le grade ou le rang d'un Officier et d'un fonctionnaire militaire mis pour un tems en suspension d'activité ou d'exercice d'emploi, par suite d'une répression de discipline; il reste, pendant cet intervalle, sous la surveillance des autorités militaires et civiles de sa résidence, de son département et de sa division, tant pour sa conduite que pour ses déplacemens.

Art. 865. Il est adressé, tous les trois mois, au Ministre de la Guerre, un rapport spécial sur l'existence des Officiers ou fonctionnaires militaires en retrait d'emploi dans chaque division, afin de le mettre à même de connaître toujours leurs domiciles, et de prendre les ordres du Roi, selon les rapports et les circonstances.

Art. 866. Aussitôt qu'un Officier ou fonctionnaire militaire de la même assimilation a été frappé de la suspension de son grade ou de son emploi pour un tems plus ou moins long, il est de ce moment rayé du tableau d'avancement de son corps, de son arme ou de son rang.

TITRE II.

PEINES AFFLICTIVES.

CHAPITRE I.

Costume pénal.

Art. 867. Le Ministre secrétaire d'Etat de la Guerre réglera le costume pénal dont les insoumis devront être revêtus, comme marque publique de leur infraction à la loi du recrutement, et comme indice de réprobation nationale.

Art. 868. Il sera déposé au chef-lieu de chaque département, un modèle de la forme et des couleurs de chaque partie du vêtement et de la coiffure.

Les Préfets en feront tirer des lithographies pour être exposées aux chefs-lieux des arrondissemens, et jusque dans les salles publiques des mairies.

Art. 869. Chaque commune restera chargée de faire fournir aux insoumis de ses appels, condamnés pour désobéissance à la loi, le costume complet de leur peine et de pourvoir à son entretien et à son remplacement, en tout ou partie, jusqu'à l'expiration de leur tems de condamnation.

Art. 870. Dès qu'un insoumis aura été condamné, il sera dirigé sur le chef-lieu de son département pour y être, dans trois jours, au plus tard, revêtu du costume complet de sa punition, et rester, pendant trois autres jours consécutifs, exposé, de midi à deux heures, aux regards de la population.

Art. 871. Ensuite, le condamné sera dirigé, dans sa tenue pénale, sur le chef-lieu de son arrondissement pour y être soumis, un jour de marché, à la même exposition, pendant le même tems, et dans le même intervalle de la journée.

Art. 872. Après cette double exposition, l'insoumis sera conduit au lieu de sa commune de résidence, et là, sera contraint, le premier dimanche après son arrivée, de se présenter à la sortie de l'office, monté sur un escabeau, de manière à être vu de près et de loin.

Art. 873. La gendarmerie départementale sera tenue de pourvoir aux dispositions d'exposition publique en costume pénal, ainsi qu'à la garde et à l'escorte des condamnés jusqu'au moment de leur arrivée au lieu de leur résidence.

Art. 874. A partir de l'exposition du premier dimanche au sein de leur commune, les condamnés seront laissés libres sous la surveillance du maire et de la garde nationale, sans qu'ils puissent en aucun tems, de jour ou de nuit, se montrer hors de chez eux, autrement vêtus qu'avec leur costume pénal.

Art. 875. Chaque Maire, tant par lui-même que par les Commandans de la garde nationale et les agens de police, restera chargé de maintenir et de faire maintenir les condamnés insoumis de sa commune, dans la tenue publique de leur répression afflictive.

Art. 876. Il ne pourra être introduit à cet égard aucun changement ou aucune modification dans le costume d'un condamné de l'espèce.

Toute autorité, quelle qu'elle puisse être, restera responsable de sa surveillance ou de son incurie, comme d'un délit public punissable.

CHAPITRE II.

Emprisonnement et Détention.

Art. 877. Les militaires de tous grades ou fonctionaires et agens militaires des mêmes assimilations, condamnés les uns et les autres à une peine de détention à l'expiration de laquelle ils doivent rentrer sous les drapeaux ou reprendre leurs rangs et leurs emplois, sont conduits dans les établissemens correctionnels dont l'armée est en possession distincte, à titre de prisons centrales ou de pénitentiers militaires.

Art. 878. Il y a, dans chaque établissement de détention de l'une ou l'autre espèce, une installation spéciale et séparée pour les Officiers et les hommes de troupe, ainsi que pour tous autres condamnés des juridictions militaires qui doivent, aux termes de leur jugement, être privés de toute communication contraire aux hiérarchies de la discipline.

Art. 879. Nul ne peut être reçu dans une prison centrale ou pénitencier militaire, pour y subir un tems quelconque de détention, qu'en vertu d'un jugement correctionnel ou martial.

Art. 880. Tout condamné de l'une ou l'autre catégorie de répression, est conduit jusqu'à l'établissement de sa destination par les soins de la gendarmerie, ou présenté par un Officier ou fonctionnaire ayant qualité d'agent de police judiciaire militaire.

Art. 881. A la production du jugement ou de l'ordre de conduite, le condamné est immédiatement inscrit sur un registre d'écrou tenu en forme de contrôle et indiquant : 1° son numéro d'inscription ou d'ordre ; 2° ses noms et prénoms ; 3° le corps, l'arme, l'organisation ou le service militaire auquel il appartient ; 4° son grade, rang ou emploi, 5° le ressort et la date du jugement ; 6° les motifs et le terme de la détention ; 7° le jour de l'entrée, et 8° les observations auxquelles sa position particulière ou les circonstances de son incarcération ont pu donner lieu.

Art. 882. Le registre d'écrou des prisons centrales ou pénitenciers militaires est signé à l'article de chaque condamné, par le Gendarme ou toute autre autorité chargée d'effectuer l'emprisonnement et d'en justifier.

Art. 883. Il est prescrit spécialement aux Concierges, aux Commandans de la Gendarmerie, aux Auditeurs, aux Commissaires du Roi et aux Sous-Intendans militaires, de surveiller la tenue des registres d'écrou des établissemens de détention affectés à l'armée et d'y mettre, chacun en ce qui le concerne, l'exactitude la plus scrupuleuse.

Art. 884. Les Officiers détenus percevant, comme à la prison ou au cachot, la solde attribuée à leur position, restent aussi chargés, au moyen de cette solde, de pourvoir à leur nourriture, à leur entretien, et à toutes autres dépenses de leurs besoins personnels.

Art 885. C'est le service des prisons militaires qui, par rapport aux Sous-Officiers et soldats, ou à tous autres détenus des mêmes assimilations, doit pourvoir, sur les fonds du budget de la guerre, à leur logement, leur nourriture, leur couchage, leur habillement et leur blanchissage.

Art. 886. Les Concierges des établissemens de détention affectés à l'armée, exercent leurs fonctions sous les ordres immédiats des Commandans de place, en tout ce qui est service ou surveillance militaire, et sous l'inspection des membres de l'Intendance, en fait d'entretien des hommes et d'administration intérieure.

Art. 887. Quels que soient les condamnés à une détention correctionnelle ou martiale, ils ne peuvent communiquer avec des personnes libres du dehors, que d'après une autorisation écrite, émanée d'un pouvoir compétent et visée par le Commandant de la place.

Art. 888. Indépendamment du service des Officiers de semaine, un Gendarme est commandé chaque jour pour visiter les détenus, s'assurer de l'exécution des consignes, prendre connaissance de tout ce qui se passe et rendre compte dans un rapport écrit.

Art. 889. Les Commandans de Place et les Sous-Intendans militaires sont tenus expressément de visiter par eux-mêmes, les établissemens de détention de leur ressort, et de s'assurer fréquemment aussi que les condamnés n'ont aucune plainte à élever pour aggravation de traitement répressif, et qu'ils ne donnent eux-mêmes aucun motif de corrections intérieures extra-judiciaires.

CHAPITRE III.

Travaux publics et boulet.

Art. 890. Les condamnés aux travaux publics et au boulet reçoivent, au moment de leur conduite aux ateliers, un costume particulier et distinct, dont la forme et les différentes parties sont déterminées par les réglemens militaires.

Art. 891. Indépendamment d'un costume distinct, tout militaire condamné au boulet a les reins saisis et soutenus par une ceinture en cuir d'où traîne un boulet attaché à une chaîne de fer.

Le poids total du boulet et de la chaîne ne peut excéder quatre kilogrammes.

Art. 892. Au jour du départ, chaque condamné de l'une ou de l'autre espèce de punition afflictive, est revêtu de son costume particulier, et conduit, dans cette tenue, devant la troupe assemblée sous les armes, pour y entendre la lecture de son jugement.

Art. 893. Le condamné aux travaux publics entend sa sentence debout et tête nue; il n'a point les yeux bandés; il ne parcourt ni le front de la parade, ni celui de son corps : mais les gardes et sa compagnie défilent devant lui.

Art. 894. En raison de sa peine plus grave, le condamné au boulet arrive à la parade traînant le boulet; il entend la lecture de sa sentence à genoux, la tête nue et rasée ; un bandeau lui couvre les yeux.

Il parcourt ensuite, les yeux toujours bandés, le front entier des gardes et de son corps qui est en bataille ; après quoi, celui-ci défile devant lui à la tête des gardes du jour, et sa compagnie marche la première.

Art. 895. Lorsqu'un condamné aux travaux publics ou au boulet a entendu sa sentence avec l'appareil des formes militaires de sa punition , il est remis à la gendarmerie pour être dirigé , dans les vingt-quatre heures sur l'atelier où il doit subir sa peine.

Art. 896. Toute fois les condamnés au boulet sont conduits à leur destination , sans chaîne ni boulet , et n'en reprennent la charge que le lendemain de leur arrivée à l'atelier.

Art. 897. La réception des condamnés dans les ateliers de leur peine respective, a lieu sur la présentation d'une copie de leur jugement et de la feuille de route délivrée au départ ; ils sont inscrits , immédiatement après, sur un registre matricule qui porte leurs numéros d'ordre, leurs noms et prénoms, et l'extrait de leur condamnation.

Art. 898. Une fois immatriculé dans un atelier, tout condamné est soumis à son service , à sa tenue, à sa discipline et à ses travaux, selon les saisons et les circonstances de sa position de paix ou de guerre , à l'intérieur et à l'armée.

Art. 899. Les condamnés aux travaux publics sont employés , soit à des travaux militaires , soit à des travaux civils.

Ils ne peuvent ni couper, ni raser eux-mêmes leurs cheveux ou leur barbe; ils conservent leurs moustaches, portent des souliers, et travaillent le même nombre d'heures que les ouvriers du pays.

Art. 900. Dans les ateliers du boulet, les condamnés sont occupés à des travaux spéciaux de fortifications ou de tous autres services de l'artillerie et du génie.

Ils ne peuvent non plus ni couper ni raser eux-mêmes leurs cheveux ou leur barbe ; ils perdent leurs moustaches , portent des sabots, et travaillent huit heures par jour, du 1er octobre au 1er avril, et dix heures, pendant le reste de l'année.

Art. 901. Les journées des condamnés sont payées d'après le prix de celles des journaliers ordinaires du pays, avec les réductions suivantes :

Un quart en moins, pour les ateliers des travaux publics;

Et moitié, pour les ateliers du boulet.

Art. 902. Quels que soient les lieux d'établissement

pour les ateliers de l'une ou de l'autre espèce de condamnation, ces ateliers sont toujours isolés, tenus à part, et sans aucune communication aussi avec toute autre formation d'ouvriers.

CHAPITRE IV.

Réclusion et travaux forcés.

ART. 903. Dès que la réclusion et les travaux forcés ont été appliqués par des jugemens de juridictions militaires, dans les cas et les limites fixés par la présente loi et le code pénal ordinaire, ces deux peines emportent avec elles, pour l'armée, les effets qui s'y rattachent *à tems* et *à perpétuité*.

ART. 904. Ainsi quiconque, sous les drapeaux, aura été condamné à la réclusion ou aux travaux forcés *à tems*, sera de plus, pendant la durée de sa peine, en état d'interdiction légale.

Il lui sera nommé, pour gérer et administrer ses biens, un curateur selon les formes prescrites pour la nomination des tuteurs aux interdits civils.

ART. 905. Les biens du condamné lui seront remis après qu'il aura subi sa peine, et le curateur lui rendra compte de son administration.

ART. 906. Pendant la durée de la peine de tout condamné militaire à la réclusion ou aux travaux forcés à tems, il ne pourra lui être remis aucune somme, aucune provision, aucune portion quelconque de ses revenus.

ART. 907. Toutes les fois que la peine des travaux forcés ou de la réclusion *à tems*, aura été prononcée par des ressorts militaires, le condamné qui appartiendra à quelque cadre que ce soit de l'armée, sera préalablement dégradé; il n'y aura point lieu à son égard, à l'application de toute autre peine accessoire.

ART. 908. Quiconque aura été condamné par une des

juridictions de l'armée à la peine de la réclusion ou des travaux forcés à tems, ne pourra désormais être ni expert, ni employé comme témoin dans les actes, ni déposer en justice, autrement que pour y donner de simples renseignemens.

Art. 909. Tout condamné à la réclusion ou aux travaux forcés à tems, par suite d'un jugement militaire, restera incapable de tutelle et de curatelle, si ce n'est de ses enfans, et sur l'avis seulement de sa famille.

Il sera déchu du droit de port d'armes et du droit de servir ou de rester dans les armées nationales.

Art. 910. Indépendamment des interdictions prévues par les articles précédens, ceux des condamnés de leurs ressorts à qui les juridictions militaires correctionnelles ou martiales auront, dans les cas exprimés par la loi ordinaire, appliqué la suspension ou même la suppression de tout ou partie de l'exercice des droits civiques et civils, perdront en conséquence toute faculté aussi :

1° De vote et d'élection ; 2° d'éligibilité ; 3° de fonctions de juré ou d'autres fonctions publiques ; 4° d'emplois d'administration ou de conservation de ces emplois; 5° de vote et de suffrage dans les délibérations de famille.

Art. 911. Quels qu'ils soient, les condamnés à la réclusion ou aux travaux forcés à tems, seront de plein droit, après l'expiration de leur peine, et pendant le reste de leur vie, sous la surveillance de la haute police de l'Etat.

Art. 912. En ce qui touche la condamnation des travaux forcés ou de la réclusion à *perpétuité* : cette peine capitale, dès qu'elle est prononcée, entraîne avec elle tous les effets de la mort civile, et l'exécution s'en suit du moment même de la notification de la sentence.

Cependant, lorsque le condamné sera militaire, sa dégradation préalable ne pourra, conformément à l'article 907, être suivie non plus d'aucune autre application de peine accessoire.

Art. 913. Tout condamné à la réclusion par suite d'un jugement militaire, quel qu'en soit le terme, est renfermé dans une maison de force et employé à des travaux dont le produit peut être en partie appliqué à son profit, ainsi qu'il est réglé par les statuts de ces maisons.

Art. 914. Les justiciables des ressorts de l'armée à qui la peine des travaux forcés *à tems* ou *à perpétuité* aura été appliquée, seront employés aux occupations les plus pénibles.

Ils traîneront à leurs pieds un boulet, ou seront attachés deux à deux, avec une chaîne, lorsque la nature de leur travail le permettra.

Art. 915. Aussitôt qu'un condamné militaire aura dû subir la peine de la réclusion ou des travaux forcés, n'importe pour quelle durée, il ne sera plus fait d'exception aucune pour sa qualité ; dès lors il sera confondu avec les condamnés de la même peine, sous le même costume et dans les termes des mêmes répressions.

CHAPITRE V.

Destitution et dégradation.

Art. 916. La destitution entraîne la privation du grade ou de l'emploi et celle du droit d'en porter désormais l'uniforme et les insignes.

Art. 917. Quels que soient les services antérieurs d'un Officier ou d'un fonctionnaire militaire de pareille assimilation, frappé de la destitution par jugement de juridiction compétente, il ne peut obtenir ni pension, ni secours, ni récompense : tous ses droits à cet égard, sont anéantis, sauf, s'il est marié, les recours en commisération de la part de la femme et des enfans, selon l'article 61.

Art. 918. Lorsqu'il y a lieu à dégradation militaire pour un condamné appartenant à l'armée, il est conduit devant la troupe sous les armes, pour y entendre la lecture de son jugement avec l'appareil le plus imposant.

ART. 919. Après la lecture de la sentence emportant dégradation militaire, le Commandant supérieur fait ouvrir un ban, et prononce ces mots à haute voix :

N*** (nom et prénoms du condamné).

Vous êtes déclaré indigne de porter les armes; et, de par le Roi, nous vous dégradons.

ART. 920. Aussitôt, tous les signes militaires et les décorations dont le condamné peut se trouver revêtu, sont arrachés avec un dédain de bienséance; et s'il est Officier, son épée sera brisée et jetée à terre devant lui.

ART. 921. La dégradation militaire entraîne, comme la destitution, la privation du grade ou de l'emploi, celle du droit d'en reprendre jamais l'uniforme et les signes distinctifs; et de même aussi, l'anéantissement de tous services antérieurs.

ART. 922. De plus, elle entraîne encore : 1° l'incapacité absolue de servir dans l'armée, à quelque titre que ce soit ; 2° la privation du droit de porter aucune décoration, et 3° les incapacités civiques et civiles déterminées par les articles 908, 909, 910.

ART. 923. Quand la dégradation civique est prononcée cumulativement par suite d'un jugement des ressorts de l'armée, elle consiste dans la destitution de droit et l'exclusion de toutes fonctions ou emplois publics, et dans la privation de toutes les facultés énoncées aux mêmes articles 908, 909, 910, avec condition aussi de rester toute la vie sous la surveillance de la haute police de l'État.

CHAPITRE VI.

La Mort.

ART. 924. Tout individu condamné à la peine de mort par un jugement de juridiction militaire, est fusillé avec l'appareil des armes.

Art. 925. La peine de mort prononcée à l'égard d'un militaire ou d'un fonctionnaire militaire, de quelque grade, rang ou classe qu'il soit, n'entraîne, avant l'exécution, sa dégradation préalable que dans les deux cas suivans :

1° Quand elle est prononcée en vertu des dispositions du Code pénal ordinaire ;

2° Lorsque la présente loi la prescrit par une injonction expresse.

Art. 926. Il est commandé selon le grade et le rang du condamné à mort, un piquet pour l'exécution dernière de la sentence.

L'autorité supérieure en désigne l'heure et le lieu.

Art. 927. Le Greffier de la Cour martiale qui a prononcé la peine de mort confirmée, est présent à l'exécution, et en dresse procès-verbal.

Art. 928. Dès que le condamné est arrivé sur le terrain de l'application de la peine, il est ouvert un ban pour la lecture de l'arrêt que le Greffier prononce devant lui, à haute voix.

Art. 929. Après cette formalité remplie de rigueur avec une solennité imposante, le condamné dépose son uniforme, reçoit un mouchoir sur les yeux, et met genou en terre.

Art. 930. Un roulement impose alors un silence général pour les apprêts du commandement.

Art. 931. L'officier et la troupe qui doivent passer le condamné par les armes, attendent, dans le recueillement, le signal pour faire feu.

Art 932. Il ne peut être employé dans l'exécution à mort d'un condamné militaire, que le feu du fusil d'infanterie ou du mousqueton de cavalerie.

Toute autre arme, ou tout autre moyen, sont déclarés criminels.

Art. 933. Aussitôt que l'exécution est complète, la mort du condamné se constate civilement par un extrait mortuaire, où il n'est fait d'autre mention que celle-ci :

Un tel est mort tel jour à...

Art. 934. La sépulture du corps d'un militaire fusillé par suite de jugement, a lieu par les soins de la troupe dont il faisait partie , ou par ceux de l'administration des hopitaux de l'armée , avec l'appareil ordinaire du culte du condamné.

Aʀᴛ. 935. Dans quelques circonstances, le corps peut être remis à la famille, si elle en fait la demande , mais à condition de sa part de le faire inhumer sans aucun autre appareil que celui d'une sépulture de dernière classe.

TITRE III.

DISPOSITIONS D'APPLICATION GÉNÉRALE.

CHAPITRE I.

Diligences des pouvoirs judiciaires.

Art. 956. Les jugemens des conseils de discipline et des commissions d'enquête, quelles qu'en soient les conséquences de répression, sont mis à exécution selon les termes des décisions intervenues.

C'est aux Officiers-Généraux commandant à prescrire les dispositions convenables et à se faire rendre compte.

Art. 957. Toute diligence d'exécution par rapport aux arrêts d'une Prévôté d'armée reste sous la responsabilité de l'Auditeur, qui doit invoquer à l'instant les ordres nécessaires, et s'assurer aussitôt de l'application des peines prononcées.

Art. 958. C'est aux Commissaires du Roi près les Tribunaux correctionnels militaires et les Cours martiales, à faire toutes les diligences d'exécution en ce qui se rapporte aux jugemens de ces juridictions, soit à l'intérieur en paix et en guerre, soit à l'armée en campagne, ou dans les places en état de siège.

Art. 959. Dès qu'un jugement militaire doit être exécuté à la diligence d'un Auditeur ou d'un Commissaire du Roi, le Greffier du Tribunal est présent à l'exécution et en dresse procès-verbal.

Art. 940. La minute du procès-verbal constatant l'application d'une peine, est annexée à la minute du jugement.

Il en est toujours aussi fait mention, en marge de cette dernière minute.

Art. 941. Dans les trois jours qui suivront l'exécution d'un jugement de Prévôté d'armée ou d'une juridiction militaire, soit correctionnelle, soit martiale, l'Auditeur ou le Commissaire du Roi sont tenus d'en faire passer une expédition aux Chefs des corps ou des services militaires dont les condamnés faisaient partie.

Art. 942. Il est expressément ordonné aux Auditeurs et Commissaires du Roi de faire insérer textuellement copie du procès-verbal d'exécution, à la suite des expéditions des jugemens.

Art. 943. Quant aux condamnations par coutumace, l'exécution s'en suit avec toutes les rigueurs légales, par rapport à leurs effets accessoires, soit de séquestre, soit de privations de droits quelconques, soit même de mort civile.

Art. 944. En conséquence, dès que le jugement a prononcé le séquestre, les biens d'un coutumax militaire, seront, à partir de l'exécution de l'arrêt, considérés et régis comme biens d'*absens*.

Art. 945. Le compte des biens d'un militaire contumax sera rendu à qui il appartiendra, une fois que la condamnation sera devenue irrévocable, par l'expiration du délai de cinq ans donné pour purger toute action de l'espèce.

Art. 946. Cependant si la condamnation d'un contumax militaire avait été de nature à emporter la mort civile, et si l'accusé n'avait été arrêté, on ne s'était représenté qu'après les cinq ans du délai légal : le jugement intervenu conserverait pour le passé, conformément à l'article 944, les effets que la mort civile aurait produits dans l'intervalle écoulé depuis l'expiration des cinq ans jusqu'au jour de la comparution effective en justice.

CHAPITRE II.

Publication des actes.

Art. 947. Toute décision royale emportant retrait d'emploi ou mise à la réforme, à l'égard d'un Officier ou d'un Fonctionnaire militaire d'assimilation, doit être insérée au journal militaire officiel.

Si la condamnation a eu lieu par ordonnance, à la suite d'une commission d'enquête, cette ordonnance est rapportée textuellement au bulletin des lois.

Art. 948. Dès qu'il y a eu de la part d'une Prévôté d'armée ou d'un autre ressort militaire correctionnel ou martial, jugement de condamnation ou d'acquittement, il en est fait extrait pour publication par affiches et placards.

Art. 949. Quel que soit un jugement rendu par une juridiction militaire, il en est tiré un nombre convenable d'exemplaires imprimés, pour être affichés au lieu des séances de la juridiction, et aux portes, et dans les cours des casernes et quartiers du ressort.

Art. 950. Lorsque le bien de la discipline l'exigera, tout jugement militaire sera mis, par analyse, à l'ordre du jour, ou lu à haute voix, deux dimanches de suite, dans les chambrées à l'intérieur, ou sous les armes en campagne.

Art. 951. En raison de l'importance de la condamnation, et de ses effets d'exemple, les chefs de corps ou des services militaires, les Officiers généraux ou le Ministre de la Guerre, pourront prescrire, toutes fois et quantes, l'ordre et l'appareil de la lecture d'un jugement.

Art. 952. Quand il s'agira d'actes de clémence ou de grâce emportant commutation ou remise d'une peine prononcée par un arrêt suivi ou non d'un commencement d'exécution ; l'ordonnance du Roi ou la décision royale sera toujours lue dans les chambrées ou sous la tente, avec le silence et le recueillement les plus imposans.

Art. 953. Dans toute circonstance d'une gravité solennelle pour l'armée, un acte de clémence ou de grâce émané de la couronne, sera reçu et publié dans l'appareil militaire dont l'effet devra réagir le plus fortement sur le bon esprit des troupes.

Art. 954. À cet égard, le Ministre secrétaire d'Etat de la Guerre et les Officiers-Généraux commandant pourront ordonner des prises d'armes générales et la présence des drapeaux et étendards.

Art. 955. Toutes les fois qu'une pareille solennité sera donnée à un acte de clémence ou de grâce royales, l'Officier-Général ou supérieur commandant fera ouvrir un ban et lira lui-même, à haute voix, l'acte promulgué ; les troupes présenteront les armes, et les Officiers auront l'épée ou le sabre nus dans la main.

Art. 956. Comme à l'occasion du serment prêté en face des drapeaux et étendards, il sera dressé procès-verbal de toute lecture solennelle d'acte de clémence ou de grâce royales.

Les Officiers de l'Intendance militaire seront tenus de satisfaire à cette formalité et de constater l'exécution qu'elle aura reçue.

CHAPITRE III.

Frais, dommages, amendes et recours pécuniaires.

Art. 957. Toutes les assignations, citations et notifications à faire par suite d'une diligence ou d'une procédure militaire, le seront sans frais, en ce qui dépendra de la gendarmerie ou de l'action de tous autres agens de la force publique.

Art. 958. Lorsqu'à l'intérieur, il s'agira de désordres ou de délits de discipline laissés à la répression des chefs

militaires, par suite de contraventions de police ordinaire, ou d'enlèvemens et d'exigences de toute espèce
de comestibles, d'alimens et objets destinés spécialement
à la nourriture des hommes et des chevaux. sans qu'il
y ait eu menace, violence, emploi d'armes, effractions,
fausses clés, ni concours de deux ou de plusieurs personnes pendant la nuit : les faits de cette nature seront
constatés sans aucuns frais par les Juges-de-Paix ou leur
suppléans, et à défaut, par les Maires ou les Adjoints des communes où les désordres et délits auront eu
lieu.

Art. 959. Chaque fois qu'en route ou en garnison,
une pareille circonstance se présentera, comme étant
effectivement en dehors d'une poursuite judiciaire, l'autorité militaire intéressée devra être appelée pour faire
ses observations sur la quotité du dommage et du
recours.

Art. 960. A cet égard, s'il y a contestation entre la
partie lésée et l'autorité militaire, le Juge-de-Paix ou
son suppléant, et à défaut, le Maire ou l'un des Adjoints
en arbitreront sans frais encore.

Art. 961. Tant que la décision arbitrale n'excédera
pas quinze francs, elle sera définitive; mais si elle s'é-
lève plus haut, et si l'autorité militaire en conteste la
fixation, la partie lésée sera délaissée à se pourvoir à fins
civiles.

Art. 962. Dans les cas prévus par les articles précédens, le montant des restitutions ou des dommages-intérêts prononcés en faveur des parties lésées et consenties
par l'autorité militaire, sera toujours, s'il n'excède pas
quinze francs, payé immédiatement par la Régie de
l'Enregistrement qui s'en fera rembourser par l'administration de la guerre, dont le recours s'exercera, s'il
y a lieu, contre les auteurs des désordres ou délits,
ayant amené les dommages, ou contre les chefs qui
étaient chargés de les prévenir, selon les règles de la
discipline militaire.

Art. 963. Le même mode de paiement sera suivi,
quelle que soit la somme à payer, si l'arbitrage qui en
aura été fait n'a pas donné lieu à contestation de la part
de l'autorité militaire.

Art. 964. A l'armée, tous dommages civils du fait d'une troupe ou d'un ou de plusieurs justiciables à sa suite, se constatent par les Officiers de police judiciaire militaire, en ce qui ne peut donner lieu à une information correctionnelle ou martiale.

Les Prévôtés alors arbitrent sans plus, sous l'approbation des Officiers-Généraux commandant, et l'Intendance militaire est chargée d'assurer l'exécution des recours prononcés.

Art. 965. Quand il s'agira, par suite d'un jugement militaire, d'application à l'intérieur ou au dehors de peines accessoires et cumulatives d'*amendes*, de *restitutions*, de *dommages-intérêts*, et de *frais quelconques*, le recouvrement s'en fera, selon les recours ouverts, soit par les diligences de l'administration de l'Enregistrement et des domaines, soit par celles des parties civiles, soit par les soins des agens du trésor de l'armée.

Art. 966. Il y aura, pour l'exécution de ces condamnations, poursuite immédiate par toutes les voies d'action publique et même de contrainte par corps.

Art. 967. Lorsque les amendes, restitutions, dommages-intérêts et frais quelconques sont prononcés au profit de l'Etat, l'emprisonnement du condamné pour l'acquit de semblables recours ne pourra avoir lieu qu'après l'expiration de la peine principale, inflictive ou infamante.

Art. 968. En fait d'emprisonnement pour contrainte pécuniaire par corps, la durée en est subordonnée à la preuve acquise de l'absolue insolvabilité du condamné.

Dans ce cas, la détention peut être limitée à un an, pour tout jugement au criminel, et à six mois, pour fait simple de délit.

Art. 969. Tant que la liquidation entière des amendes, restitutions, dommages-intérêts et frais, n'aura pas été suivie d'un recouvrement complet; la liberté rendue au condamné reconnu insolvable, ne sera que provisoire.

Art. 970. Aussi, dans toute espèce de circonstances où il surviendra pour le condamné quelque moyen de solvabilité réelle, les diligences de la contrainte par corps seront reprises contre lui, quelqu'ait été l'intervalle du sursis.

Art. 971. En cas de concurrence d'une amende avec des restitutions, des dommages-intérêts et des frais, ces dernières condamnations obtiendront la préférence sur les biens insuffisans du condamné.

La poursuite et le recouvrement s'en feront par privilége.

Art. 972. Tous les individus condamnés pour un même délit ou pour un même crime, sont tenus solidairement des amendes, restitutions, dommages-intérêts et frais quelconques, au même titre et par les mêmes voies.

Art. 973. Il appartient aux Présidens de chaque juridiction militaire d'établir la liquidation de tous les recours pécuniaires attribués à l'Etat et d'en rendre la poursuite exécutoire.

Art. 974. Quand il y aura eu révision avec confirmation de jugement, le Président de la Consulte dressera un état particulier des frais de cette espèce, et le joindra, signé de lui, aux pièces dont le renvoi sera fait à la juridiction de condamnation, pour que le montant en soit compris dans une seule et même liquidation exécutoire.

Art. 975. Les frais et recours qui peuvent avoir lieu en faveur de l'Etat, par suite des décisions des Consultes de révision, sont l'indemnité accordée au Greffier pour chaque jugement, et les déboursés pour ports de lettres.

Art. 976. Dès qu'il s'agira d'établir une liquidation d'amendes, de restitutions, de dommages-intérêts et de frais pour une procédure militaire correctionnelle ou martiale, on suivra la formule jointe à la présente loi, sous le n° 23.

Art. 977. Les copies des jugemens emportant condamnation militaire et liquidation des recours du trésor, seront toujours, lors de leur envoi au Ministre de la Guerre, accompagnées de la déclaration positive qu'un pareil envoi a été fait à l'administration chargée de poursuivre les recouvremens, soit à l'intérieur, soit à l'armée.

CHAPITRE IV.

Prescriptions de peines.

ART. 978. Il n'y a point de prescription pour les délits d'insoumission au service militaire; par conséquent les poursuites ne pourront être suspendues en aucun tems, ainsi qu'il est prévu aux articles 259 et 260.

ART. 979. En ce qui touche les délits ou crimes de désertion, l'action publique ne pourra se prescrire aussi, quelles qu'en soient les circonstances, qu'après *sept ans* révolus, à compter du jour de l'expiration du tems de service dû par le déserteur au moment de sa disparition.

ART. 980. Les peines portées par les juridictions de l'armée pour des délits ou crimes autres que l'insoumission ou la désertion, et ressortissant d'une matière correctionnelle, se prescrivent par *cinq années* révolues, à compter du jour où les jugemens ne peuvent plus être attaqués par voie d'appel.

ART. 981. En matière criminelle, les peines relevant d'un arrêt rendu par les mêmes juridictions, tant à l'intérieur qu'à l'armée en campagne, se prescrivent par *vingt années* révolues aussi, à compter du jour où la voie légale de l'appel a été épuisée.

ART. 982. L'action publique et l'*action civile* qui résultent, soit d'un crime de nature à entraîner la peine de mort ou des peines afflictives perpétuelles, soit de tout autre crime emportant peine afflictive ou infâmante, se prescriront après *dix années* révolues, à compter du jour où les crimes de l'une ou de l'autre condamnation auront été commis, si toutefois, dans l'intervalle, il n'a été fait aucun acte d'instruction, ni de poursuite.

ART. 983. Lorsque dans l'intervalle des dix ans, il y

17

aura eu des actes d'instruction ou de poursuite quelconques, non suivis de jugement, l'action publique et *l'action civile*, dans ce cas, ne se prescriront qu'après *dix années* révolues, à compter du dernier acte, et cette disposition sera suivie à l'égard même des personnes qui n'auraient pas été impliquées dans cet acte d'instruction ou de poursuite.

Art. 984 Par rapport aux cas exprimés aux deux articles précédens, et suivant aussi les distinctions d'époques qui y sont établies, la durée de la prescription légale serait réduite à *trois années* révolues, s'il s'agissait d'un délit de nature à n'être puni que correctionnellement.

Art. 985. Tout condamné en matière criminelle dont la peine se trouvera prescrite, ne pourra résider dans le département où demeuraient, soit celui sur lequel ou contre la propriété duquel le crime aurait été commis, soit ses héritiers directs.

Le gouvernement pourra assigner au condamné de cette espèce capitale, le lieu de son domicile.

Art. 986. En aucun cas, les condamnés par défaut ou par contumace dont la peine est prescrite, ne pourront être admis à se présenter pour purger le défaut ou la contumace.

Art. 987. Quand il y aura eu pour les conducteurs ou gardiens de prisonniers, application de la peine d'emprisonnement pour le cas simple de négligence, cette peine cessera dès que les évadés seront repris ou représentés, pourvu que ce soit dans les quatre mois de l'évasion, et qu'ils ne soient pas arrêtés pour d'autres délits ou crimes commis de leur part postérieurement.

Art. 988. Les dispositions du présent chapitre ne dérogent point pour l'armée aux lois particulières relatives à la prescription des actions résultant, soit de certaines contraventions de police ordinaire, soit de certains délits ou recours d'espèce civile.

CHAPITRE V.

Amnisties éventuelles.

Art. 989. Le droit d'amnistie est, comme celui de faire grâce, une prérogative suprême de la couronne, par rapport à l'armée et à l'administration de la justice aux drapeaux.

Art. 990. Chaque fois que le Roi, après avoir consulté son Conseil, aura fait proclamer, pour quelque circonstance en faveur de l'armée, une amnistie plus ou moins limitée, l'exécution en sera suivie, selon ses termes et ses conditions spéciales.

Art. 991. Toute amnistie, quelles qu'en soient les dispositions, devra toujours être notifiée expressément par le Ministre secrétaire d'État de la Guerre et insérée dans le Bulletin des Lois, ainsi qu'au journal militaire officiel.

Art. 992. Quand il résultera d'une amnistie spéciale ou commune à l'armée, que certains désordres, certaines fautes ou contraventions ne devront plus être soumis aux poursuites actuelles ; toute information et toute diligence à leur égard cesseront du moment même de la publication légale.

Art. 993. Si, dans cette circonstance, quelques procédures de faits soumis à l'amnistie se trouvaient en instance, ou même en cours de jugement, l'action publique serait à l'instant interrompue, et tout pouvoir judiciaire mis en demeure, comme incompétent désormais.

Art. 994. Dès qu'une amnistie a prononcé l'élargissement de militaires prévenus et saisis, ou qu'elle a prescrit, soit l'oubli de certaines fautes, soit la remise de certaines contraventions, les hommes à qui ces rémissions sont applicables rentrent dans leur position précédente aux drapeaux.

Art. 995. Quelle que soit une amnistie, elle ne peut

s'étendre, en fait de délits correctionnels, qu'à l'insoumission au service et à la désertion.

Art. 996. Dans le cas d'autres délits, ou de crimes ou
d'attentats, ce ne sera plus par amnistie que la prérogative s'exercera de fait et de droit ; il devra alors y avoir
en toujours jugement préalable, et en ressortir une
ordonnance à titre de grâce quelconque.

Art. 997. Tout militaire qui se rendrait coupable des
mêmes désordres, fautes, délits, crimes et attentats,
après avoir profité du bénéfice d'une amnistie ou d'un
acte de grâce, subira toute la rigueur de la loi en récidive, sans qu'on puisse avoir égard à des circonstances
atténuantes, quand même il y en aurait.

Art. 998. Les dispositions de publication prescrites
ou recommandées pour la notoriété des actes judiciaires au Chapitre II du présent Titre, seront applicables
aux ordonnances portant amnistie, et la lecture devra
s'en faire aussi avec la solennité la plus imposante sous
les drapeaux.

Art. 999. En fait de grâce ou d'amnistie, tout militaire qui aurait été condamné à des amendes, restitutions, dommages-intérêts et frais quelconques envers
l'Etat, ne pourra invoquer d'effet rétroactif pour les
recours pécuniaires qu'il aurait déjà subits.

Quels qu'aient été les produits de ces recours au moment de la grâce ou de l'amnistie, il n'y a point lieu à
restitution de la part du trésor public.

Art. 1000. Toutefois, s'il n'y a pas d'effet rétroactif
sur les recouvremens opérés jusqu'au jour de l'amnistie
ou de la grâce, l'une et l'autre faveur de la prérogative
royale reçoivent leur exécution immédiate, tant pour
la libération de la peine que pour les diligences ulté-
rieures en fait de recours pécuniaires encore ouverts en
tout ou partie.

Or, ce qui peut rester dû à l'Etat est mis désormais
au néant, à moins de restrictions formelles.

Art. 1001. Il n'est du reste, dans l'une ou l'autre
circonstance de grâce ou d'amnistie, porté aucune atteinte aux amendes, restitutions, dommages-intérêts
et frais quelconques, prononcés jusque-là en faveur de

parties civiles ou de tiers ; ces indemnités ne cessent point de leur être acquises intégralement, et restent aussi toujours ouvertes à leurs poursuites.

CHAPITRE VI.

Comptes rendus.

Art. 1002. Afin de maintenir l'armée dans le sentiment de la justice qui lui est propre et d'en rendre l'application plus positive et plus exemplaire, il sera dressé dans les écoles mutuelles de chaque corps de troupe, des tableaux des délits et des peines pour y servir à une instruction spéciale de droit sommaire.

Art. 1003. Dans les écoles où sont enseignés les premiers élémens de la lecture et de l'écriture, il sera fait des extraits successifs de la présente loi qui seront donnés pour premiers modèles d'application, et serviront en outre à fixer la mémoire des hommes sur les devoirs les plus essentiels de la police et de la discipline militaires.

Art. 1004. Il y aura pour les écoles de Sous-Officiers, des jours affectés spécialement à un cours de justice militaire, où chacun d'eux devra passer par des tours alternatifs de lecture et d'examen, et faire preuve de connaissances aussi exactes que bien appréciées par l'émulation.

Art. 1005. Chaque année, indépendamment de l'instruction judiciaire donnée dans les corps de troupe, il sera rendu compte, non-seulement de l'administration de la justice militaire pour chaque ressort, mais aussi pour chaque division, à l'intérieur, ou chaque armée et corps d'armée, en campagne.

Art. 1006. Le Ministre secrétaire d'Etat de la Guerre réunira tous les élémens d'un compte général à rendre au Roi, pour justifier de l'exécution des lois pénales militaires et présenter l'ensemble des résultats les plus remarquables, tant pour l'édification de l'armée, que pour la consécration publique de l'honneur militaire national.

Art. 1007. Il sera fait du rapport et du compte annuel du Ministre de la Guerre, des extraits analytiques dont l'insertion aura lieu à l'ordre du jour des divisions territoriales ou des corps d'armée, pour y être reproduits dans chaque Place, chaque Troupe, chaque École mutuelle et chaque Chambrée.

Art. 1008. Quand il y aura, à l'occasion d'un compte rendu de l'administration générale de la justice militaire au sein de la force active nationale, quelques circonstances de répressions plus graves ou d'exemples de discipline plus imposans ou plus solennels; la publication s'en fera au Bulletin des Lois, et la communication en sera donnée aux Chambres législatives, par le Président du Conseil des Ministres, au nom du Roi.

Art. 1009. A cet égard aussi, toute manifestation de votes ou de mentions honorables pour l'armée, sera insérée au procès-verbal de la séance, et l'extrait qui en sera adressé au Ministre secrétaire d'Etat de la Guerre, devra, par ses soins, être transmis à chaque corps de troupe pour être consigné au registre des Conseils d'administration, et reproduit textuellement à l'ordre du jour.

CHAPITRE VII.

Jussions transitoires.

Art. 1010. Toutes lois, toutes dispositions quelconques, suivies ou maintenues jusqu'à la publication de la présente Charte de justice militaire, sont et demeurent abrogées : elle seule régira désormais les armes nationales, dans tous ses rapports d'application au dedans, au dehors, en paix et en guerre.

Art. 1011. De ce moment aussi, lorsque les peines qui y sont déterminées seront moins rigoureuses que

celles portées par les lois antérieures , elles seront toute
fois exclusivement appliquées aux désordres, fautes,
délits, crimes et attentats commis et non encore jugés
à l'époque précise de sa promulgation.

Art. 1012. Quand les juridictions militaires d'armée
ou d'état de siége auront cessé d'exister légalement par
suite du retour à l'état de paix , les affaires dont l'information sera commencée , seront portées devant les
ressorts militaires de l'intérieur qu'aura désignés le Ministre secrétaire d'Etat de la Guerre.

Art. 1013. La présente Charte de justice militaire est
confiée, pour sa garde et son exécution, à la sollicitude
de tous les pouvoirs de l'Etat, sous l'impression du sentiment le plus profond de l'honneur français et de la
dignité nationale.

www.ingramcontent.com/pod-product-compliance
Lightning Source LLC
LaVergne TN
LVHW021654060726
842527LV00003B/895